Heilende Gedanken – Aus der Finsternis ins Licht

Dr. med. Hedwig Uecker Geischläger

Dr. med. Hedwig Uecker Geischläger

Heilende Gedanken – Aus der Finsternis ins Licht

Bibliografische Information der Deutschen
Nationalbibliothek:
Die Deutsche Nationalbibliothek verzeichnet diese Publikation
in der Deutschen Nationalbibliografie; detaillierte bibliografische Daten sind im Internet über www.dnb.de abrufbar.

ISBN: 978-3-7693-1295-9 (Paperback)
ISBN: 9783769312966 (Hardcover)
© 2024 Dr. Hedwig Uecker-Geischläger

WWW.GHOSTWRITER-BUCHAUTOR.COM

Konzept und Inhalte: Dr. Uecker Geischläger
Buchmanuskript - Covergestaltung: Alois Gmeiner
Gesamtlayout, Grafik, KI-Fotos: Alois Gmeiner
StockFotos: Freepik
Foto S.5: ©Dompfarre.info/Suzy Stöckl

Verlag: BoD · Books on Demand GmbH, In de Tarpen 42,
22848 Norderstedt, bod@bod.de
Druck: Libri Plureos GmbH, Friedensallee 273, 22763 Hamburg

Inhalt

Vorwort

von Dompfarrer
Toni Faber

Dr. Hedwig Ücker-Geischläger ist beruflich profiliert und reich an Lebenserfahrung. Als Ärztin und Psychotherapeutin ist sie bestens vertraut mit Verletzungen an Leib und Seele. Das durfte ich bei gemeinsamen Seminaren der Dompfarre St. Stephan mit der Charismatischen Gebetsrunde, bei denen Frau Dr. Ücker-Geischläger als Referentin und Seelsorgerin tätig war, oftmals erleben.

Geht es um den Menschen, ist ein eindimensionaler Blick selten hilfreich; viel zu komplex sind wir geschaffen: Körper, Seele, Geist, Einflüsse aus Familie und Umwelt – erst alles im Zusammenwirken macht uns zu den originellen Personen, die wir sind. Das ist einerseits ein Geschenk, andererseits eine Herausforderung, da es keine einfachen und allgemeingültigen Lösungen gibt. Jeder Mensch ist in seinem Sein und Erleben originell und deshalb individuell wahrzunehmen und je nach Lebenssituation zu behandeln.

Der Glaube kann für christliche Menschen eine zentrale Quelle der Lebensfreude und der Sinnerfüllung sein. Er möchte ebenso hilfreich sein bei der Bewältigung von Leid und Not, Trauer und Krankheit. Hier schlägt die Allgemeinmedizinerin und Psychoanalytikerin wichtige Brücken: Träume, heilende Worte, Zuversicht, helle, lichtvolle Gedanken – all dies sind zentrale, spannende Elemente der christlichen Spiritualität, die mithelfen können, Linderung und Heilung zu bewirken, seelische Knoten zu lösen und körperliche Schmerzen zu lindern.

Zum Licht kommen, mit Freude ernten, Träume als Boten Gottes sehen, das gelingt vielen besser, wenn diese Haltungen entsprechend angeleitet, eingeübt und unterstützt werden. Die Erfahrung und das Wissen von Frau Dr. Ücker-Geischläger haben bisher schon vielen Menschen helfen können, ihre Sicht auf sich und auf Situationen besser zu verstehen.

„Glaube und Psychotherapie", so der Titel dieser Buchreihe, ist die Verschriftlichung dessen, was in den Seminaren hörbar war. Das Lesen ermöglicht eine Verinnerlichung, die durchs Zuhören allein oft nicht erzielt werden kann.

So bin ich dankbar für die Mühe, die in dieses Buchprojekt investiert worden ist. Erkenntnisse der Psychotherapie sind hier mit Aussagen der Bibel und der Religion in Verbindung gebracht, mit dem Ziel, dass sich die Leserschaft in der eigenen Haut wohler fühlt, Dankbarkeit für das eigene Leben empfinden und Verfestigung im Glauben erleben kann.

In tiefer Dankbarkeit für das gemeinsame Arbeiten in der Erneuerung und Vertiefung der Heilung an Leib und Seele wünsche ich den geschätzten Leserinnen und Lesern die Berührung des Heiligen Geistes, die ich oft genug selbst bei den Vorträgen von Frau Dr. Ücker-Geischläger wahrgenommen habe.

Dompfarrer Toni Faber

Aus der Finsternis ins Licht

Betrachten wir ein besonders wichtiges und interessantes Thema: Aus der Finsternis ins Licht.

Wir sollen Licht sein für andere, wir sollen unser Licht nicht unter den Scheffel stellen, und wir können es auch, wir können das Gesicht des geliebten Menschen zum Leuchten bringen, wir können uns so verhalten, dass dem Anderen ein Licht aufgeht, dass ihm einleuchtet: Wir gehen einen guten Weg und wir können weiter strahlen, auch wenn uns jemand beleidigt hat.

Der Leibarzt des preußischen Königspaares (um 1800), der auch die damaligen Größen der Literatur, nämlich Goethe und Schiller, behandelte, Christoph Wilhelm Hufeland (12. 8. 1762 geboren) schrieb einen kleinen Leitfaden zur richtigen Lebensführung. Die Schutzgeister des Lebens, so schreibt er, sind Licht, saubere Luft, Wärme und sauberes Wasser, und er gibt auch Hinweise für ihre Anwendung. Er beschäftigt sich in seinem Buch mit dem Hören von Musik, mit der Arbeit, mit den Strapazen des Lebens und mit dem Schlaf.

Geradezu sensationell ist der Rat, man möge nicht zu jenen Ärzten gehen, die nach zwei Augenblicken bereits zum Rezeptblock greifen und dann Medikamente verschreiben. Über die Reinigung der Zähne schreibt er, über warme Fußbäder und dass man mit dem Essen aufhören solle, wenn man noch etwas essen könnte. Und es klingt wie echte Psychotherapie, wie er Ratschläge gibt zur Erlangung echter Zufriedenheit. (Vgl. Fidelsberger, Der 3-fache Weg zum Glück, Edition Tau, S 53)

Licht, Wärme, Geborgenheit

Licht, Wärme, Geborgenheit erfreuen uns, erzeugen ein angenehmes Gefühl in unserem Herzen. Dunkelheit und gar Finsternis verbinden wir eher mit Angst und unguten, unangenehmen Gefühlen – und doch ist die Trennung nicht immer eindeutig. Die Sonne gibt nicht nur Licht, sie kann, wenn wir ihr unsere nackte Haut im Sommer darbieten, diese auch verbrennen, und die Dunkelheit am Abend kann uns nach einem arbeitsreichen Tag angenehm sein, uns das Gefühl von Freude und Geborgenheit vermitteln.

Gerade in Zeiten der Dunkelheit hat unsere Seele ein tiefes Bedürfnis nach Licht, danach, wenigstens symbolisch ein neues Licht zu sehen. Jörg Zink hat eines seiner Bücher „Die Mitte der Nacht ist der Anfang des Tages" betitelt, und dieser Satz alleine bringt die Hoffnung, dass es so, wie es im Augenblick ist, nicht weitergehen kann und auch nicht weitergehen muss.

Nur wenn wir bei der Feststellung stehen bleiben, dass es im Augenblick nicht weitergehen kann und nicht aktiv werden, um die

Situation oder unser Leben oder unsere Einstellung tatsächlich zu verändern, dann verbleiben wir in dieser aussichtslosen Situation.

Dass das nicht sein muss, kann uns die Hoffnung sagen, kann uns der Verstand sagen, oder schlichtweg die Tatsache, dass ich eines immer ändern kann – und das ist die Einstellung zur Situation, außer ich habe Morbus Alzheimer, aber dann bemerke ich die Problematik dieser Situation selbst gar nicht. Die Angehörigen allerdings haben Schwerarbeit vor sich, die sich wiederum im Lichte des Glaubens und Hoffens, nicht nur bewältigen, sondern die Persönlichkeit reifen und wachsen lässt und sie so Licht werden lässt für ihre ganze Umgebung.

Aus der Finsternis ins Licht

1. **die kosmische Ebene:**
   aus der Dunkelheit der Nacht
   in den hellen Tag

2. **die geistige Ebene:**
   aus dem dunklen unbewussten Zustand
   in das Licht des hellen Bewusstseins
   aus dem Dunkel der eigenen Unkennt-
   nis über unser Innerstes
   in das Licht der Selbsterkenntnis

3. **die geistliche Ebene:**
   aus dem Dunkel der Sünde
   in das Licht der Gnade

4. **die emotionale Ebene:**
   aus dem Dunkel der Hoffnungs-
   losigkeit
   in das Licht der Hoffnung

5. **die moralische Ebene:**
   aus der Finsternis des Bösen
   in die Helligkeit des Guten

6. aus der Finsternis des Hasses
   in das Licht der Liebe

7. aus der Finsternis der Herzenskälte
   in das Licht der Güte

8. aus der Finsternis der Depression
   in die Helligkeit der Freude

9. aus der Finsternis des Unwissens und
   der Dummheit
   in das Licht der Weisheit

10. aus der Finsternis des Zornes
    in das Licht der Vergebung

11. aus der Finsternis der Selbst-
    zerfleischung oder Selbstzerstörung
    in das Licht der göttlichen Liebe

12. aus der Finsternis der Sinnlosigkeit
    in das Licht eines sinnerfüllten Lebens

Licht in den Dunkelheiten des Lebens

Am Anfang der Welt sprach Gott: Es werde Licht – „ER sprach's und es ward Licht", singen wir.

Wenn wir uns in einer der vorhin genannten Finsternis oder Dunkelheit befinden, dann sollten wir heute noch beginnen, ins Licht zu gehen.

Aber geht das so einfach? Ja, in manches Licht gelangen wir einfach, am schwierigsten ist die Sache mit dem inneren Licht.

Die Psychotherapie und hier speziell die Psychoanalyse beschäftigt sich mit nichts anderem, als den Analysanden ins Licht der Selbsterkenntnis zu führen. Eine solche Analyse dauert im Schnitt vier bis sechs Jahre, drei bis vier Mal die Woche.

Früher war es in der kirchlichen Praxis üblich, tägliche Gewissenserforschung zu halten – das brachte Licht in unser Inneres, Ich möchte Ihnen für Ihre Psychohygiene die tägliche Gewissenserforschung sehr empfehlen, viele von Ihnen werden es ja ohnehin tun.

Dabei ist sehr wichtig, dass Sie nicht nur die üblen Dinge des Tages an sich vorbeiziehen lassen, sondern auch alles Gute, das Sie an diesem Tag mit Gottes Hilfe erbringen durften – damit Sie gut schlafen können in dem Bewusstsein: „Gott liebt mich, in ihm bin ich geborgen." Und wenn Sie nichts Gutes finden konnten, dann drehen Sie wieder das Licht an und sehen Sie sich an: Ich lebe, ER behütet mich – und reden Sie mit unserem Gott, und wenn sie alleine sind, dann beten Sie laut und danken dem Herrn für alles Gute, das Sie in Ihrem Leben erfahren haben.

Künftig könnten Sie in Ihre Gewissenserforschung hineinnehmen: War ich heute für jemanden „ein Licht", das ihre oder seine Dunkelheit erhellt hat? Wenn es uns halbwegs gut geht, ist es ja so leicht, Licht zu sein: ein freundlicher Blick, ein aufmunternder Blick, ein Lächeln, eine höfliche Geste, ein gutes Wort.

Aus der Finsternis der Hoffnungslosigkeit und Depression ins Licht der Hoffnung

Tomislav Ivancic schreibt in seinem Buch „Wiederkehr der Hoffnung": *„Hoffen heißt, auch, im Unmöglichen noch eine Möglichkeit zu haben"*, und er zitiert einen Dichter: *„Hoffnung beginnt dort, wo alles hoffnungslos ist."*

Die depressive Stimmung in der dunklen Jahreszeit nennen die Psychiater seit Jahren die sogenannte Winterdepression, auch SAD (Seasonal affective disorder). Man hat festgestellt, dass Frauen viermal so häufig darunter leiden als Männer. Winterdepression kommt in allen Altersgruppen vor, am häufigsten jedoch zwischen dem zwanzigsten und vierzigsten Lebensjahr.

In dem interessanten Buch „Lichttherapie" von Rosenthal und Kasper beschreibt Norman E. Rosenthal die Geschichte eines Mannes: Johann, ein Ingenieur Anfang Fünfzig, ist eine gepflegte Erscheinung mit grauen Haaren und blauen Augen ... Er fühle sich schwermütig, sagt er, ohne zu wissen, warum. Das Leben hat für ihn keinen Sinn mehr. Seine Frau, seine Kinder, sein Beruf geben ihm nichts mehr. Er hat das Gefühl, nur noch eine Last für seine Familie zu sein, der es ohne ihn besser ginge. Er fühlt sich schuldig – er habe versagt und sei ein schlechter Vater und Ehemann gewesen ... Angstgeschüttelt geht er jeden Tag zur Arbeit. Kleine Probleme scheinen ihm unüberwindlich. Wie soll er nur alles schaffen? Vielleicht wäre es das Beste, einen Schlussstrich zu ziehen; das aber verbietet seine Religion. Wenn aber der Schmerz zu stark wird, denkt er daran, mit dem Auto in den Abgrund zu fahren. (Vgl. Rosenthal und Kasper, Lichttherapie: das Programm gegen Winterdepression, 2004).

Johann drückt Gefühle aus, die typisch sind für depressive Menschen. Weder seine Familie noch sein Vorgesetzter können seine Meinung teilen, als Vater, Ehemann und im Beruf versagt zu haben. Ganz im Gegenteil: Sie schätzen ihn als fürsorglich, zuverlässig und engagiert.

Wer depressiv ist, sieht sich meist negativ. Angst ist eine typische Begleiterscheinung der Depression und kann ebenso wie Niedergeschlagenheit behandelt werden.

Deprimierte Menschen, Winterdepression miteingeschlossen, klagen auch häufig, darüber, sarkastisch, gereizt und unfreundlich zu anderen zu sein.

Wer im Winter mehr unter allen möglichen körperlichen Problemen – von Rückenschmerzen über Kopfschmerzen bis hin zu verschiedenen Infektionskrankheiten – leidet, könnte eine Lichtmangel-Depression haben.

Wie erkennt man eine Winterdepression?

- Sind Sie speziell in den Wintermonaten traurig, ängstlich und reizbar?
- Leiden Sie in dieser Zeit besonders unter Konzentrationsstörungen und Antriebsstörungen?
- Ziehen Sie sich stärker zurück?
- Leiden Sie unter einer vermehrten Lust auf Kohlehydrate? (Süßigkeiten, Mehlspeisen, Teigwaren, Kartoffeln etc.)

– Gewichtszunahme?
– Erleben Sie den Schlaf häufig als nicht erfrischend, obwohl Sie mehr als sonst schlafen?

Wenn das meiste auf Sie zutrifft, könnte das auf eine Winterdepression hindeuten.

Was bei Winterdepression helfen kann

1. **Lichttherapie** mit einer medizinischen Tageslichtlampe: Wenn Sie sich im Dezember, Januar oder Februar am schlechtesten fühlen, haben Sie ein Winter-Muster. Dann werden Sie von einer Lichttherapie profitieren.

2. **Bewegung,** am besten, wenn möglich, im Herbst, Winter und Frühjahr um die Mittagszeit.

3. **Musik,** die uns erfreut, singen, musizieren – keine melancholischen Lieder!!!

4. Vorsicht in der Auswahl von **Literatur**: nichts lesen, was uns hinunterzieht.

Der römische Arzt Cornelius Celsus (ca. 25 v. Chr.-50 n. Chr.), der zur Zeit des römischen Kaisers Tiberius gelebt hat, gab damals schon den Melancholikern folgenden Rat, und dieser hört sich ganz modern an:

Lebe in Räumen voll Licht.

Meide schweres Essen.

Sorge für Massagen, Bäder, Turnen und gymnastische Übungen.

Bekämpfe die Schlaflosigkeit mit langsam schaukelnden Bewegungen oder dem Geräusch fließenden Wassers.

Ändere deine Umgebung und unternimm lange Reisen.

Meide ängstliche Gedanken.

Ergehe dich in heiteren Gesprächen und Zeitvertreiben.

Lausche der Musik.

Immer,
wenn du meinst,
es geht nicht mehr,
kommt von
irgendwo
ein Lichtlein her,
dass du es
noch einmal
wieder zwingst
und von
Sonnenschein
und Freude singst,
leichter trägst
des Alltags
harte Last
und wieder Kraft
und Mut
und Glauben hast.

Die Depression schleicht sich heimlich an uns heran. Eine negative Macht hat uns im Griff, die wir nicht so recht benennen können. Eine Macht, die uns sämtliche Energien raubt. „Es ist die Hölle, ein so unbeschreiblich grausiges Gefühl, jeder körperliche Schmerz ist nichts dagegen", erzählte ein Patient. Manche Menschen fügen sich tatsächlich selbst Schmerzen zu, um den seelischen Schmerz dadurch weniger stark zu spüren.

Depression als innere Kälte und Erstarrung

„Manchmal wird es ganz dunkel um mich und in mir. Ein Kältegefühl bis ins Herz oder eben gar kein Gefühl, völlig gefühllos, erstarrt." So oder so ähnlich beschreiben Menschen mit einer Depression ihren Zustand. Da ist der letzte Stern verblasst und die Betreffende denkt nur mehr ans Sterben. Alles erscheint trostlos, ein Gefühl von Unwirklichkeit kann sich einstellen.

Anfangs bemerken viele eine Verminderung der Konzentration und Aufmerksamkeit, eine Unfähigkeit, sich zu freuen, man fühlt sich lustlos, interesselos und antriebslos, alles erscheint sinnlos, Gefühle von Wertlosigkeit und Schuldgefühle, die nicht realistisch sind, meist bestehen auch Angst und Schlafstörungen, häufig kommt es auch zum Gewichtsverlust, im schlimmsten Fall will man gar nicht mehr leben.

„Die Öde oder Trostlosigkeit, die sich über das Leben eines Menschen legt, der sich in einem trägen, abgestumpften Zustand oder in einer deutlichen Depression befindet, ist vergleichbar mit einer trostlosen, gefrorenen Landschaft, in der alles Leben in einem eisigen Zauber erstarrt ist.“ (Maguire Anne, Die dunklen Begleiter der Seele, S. 164)

Der Psychiater Piet C. Kuiper beschreibt seine eigene Depression in seinem Buch „Seelenfinsternis": *„An die Stelle der Lebensfreude tritt eine quälende düstere Stimmung, wie man sie erlebt, wenn man jemanden, den man liebt, verloren hat. Der Impuls, in irgendeiner Weise aktiv zu sein, ist verschwunden. Die Welt verliert ihre Farbe, alles wird grau, im schlimmsten Fall verflucht man seine Existenz und den Tag seiner Geburt. Nicht selten kommt zu* *diesem Elend noch eine quälende Angst hinzu, die sich zur Panik steigern kann und oft gänzlich unerträglich ist. Bei einer schweren Depression treten Schlafstörungen auf, man hat keinen Appetit mehr. Wie elend man sich auch fühlt, man kann nicht weinen.* " (Kuiper Piet C., Seelenfinsternis, S. 21)

In solchen Situationen träumen manche tatsächlich von kalten Winternächten und dass sie halb erfroren herumirren oder im Schnee irgendwo liegen. Das Erwachen wird dann wie eine Erlösung erlebt und genau das will manchmal der Traum auch sagen: „Seele, wach auf!"

„Aufwachen" heißt psychoanalytisch: Bewusstwerden. Sich bewusst werden, sich bewusst machen zum Beispiel, dass ich Hilfe brauche und dass ich mir Hilfe holen soll. Es kann aber auch heißen: „Nur der schlafende Teil deiner Persönlichkeit friert, wach auf, geh hinaus, setz dich ans Feuer ..." Was es im Einzelnen heißt, kann die (der) Träumer(in) manchmal auch dadurch erkennen, dass der Traum so lange von allen Seiten durchdacht wird, bis ein Gefühl der Stimmigkeit aufkommt.

Wachsam sein und innehalten, wenn das Leben hektisch ist und wir uns überfordert fühlen oder unterfordert sind, weil wir es nur mehr gemütlich haben. Gerald Hüther spricht von Glück, wenn jemand in einem erfolgreichen Leben plötzlich angehalten wird. Das ist zwar schmerzlich, aber nur so bekommt er die Chance, längst Vergessenes noch einmal zu lernen sowie neue Fähigkeiten und Fertigkeiten zur immer besseren Bewältigung von Problemen einzusetzen. (Vgl. Hüther Gerald, Wie aus Stress Gefühle werden: Betrachtungen eines Hirnforschers, S. 36) Die Depression ist bei manchen Menschen gleichsam eine vom Unbewussten erzwungene Introversion.

C.G. Jung vergleicht die Depression mit einer Dame in Schwarz und wenn sie erscheint, so sollen wir sie nicht wegweisen, sondern sie als Gast zu Tisch bitten und zuhören, was sie uns zu sagen hat.

Mein Geist jubelt über Gott

Meine Seele preist die Größe des Herrn, * und
mein Geist jubelt über Gott, meinen Retter.

Denn auf die Niedrigkeit seiner Magd hat er
geschaut. * Siehe, von nun an preisen mich selig
alle Geschlechter.

Denn der Mächtige hat Großes an mir getan, *
und sein Name ist heilig.

Er erbarmt sich von Geschlecht zu Geschlecht *
über alle, die ihn fürchten.

Er vollbringt mit seinem Arm machtvolle
Taten; * er zerstreut, die im Herzen voll Hoch-
mut sind;

er stürzt die Mächtigen vom Thron * und
erhöht die Niedrigen.

Die Hungernden beschenkt er mit seinen Gaben * und läßt die Reichen leer ausgehn.

Er nimmt sich seines Knechtes Israel an * und
denkt an sein Erbarmen,

das er unsern Vätern verheißen hat, * Abra-
ham und seinen Nachkommen auf ewig.

ABSCHLIESSENDE FORMEL DER ORATION

(Darum bitten wir durch Jesus Christus,)
deinen Sohn, unseren Herrn und Gott,
der in der Einheit des Heiligen Geistes
mit dir lebt und herrscht in alle Ewigkeit.
R Amen.

VI

Hoffnung – Ein Licht, das uns trägt: Praktische Übungen für Ihre Seele

1. Zeichen der Hoffnung sammeln

Im Alltag übersehen wir oft die kleinen Zeichen der Hoffnung, die uns begegnen. Diese können ein freundliches Lächeln, ein unerwartetes Gespräch oder einfach ein Sonnenstrahl nach einem langen Regen sein. Um Ihre Wahrnehmung für Hoffnung zu schärfen, können Sie anfangen, diese kleinen Momente bewusst zu sammeln.

Führen Sie ein „Hoffnungs-Tagebuch", in dem Sie jeden Abend drei Dinge notieren, die Ihnen an diesem Tag Hoffnung geschenkt haben. Es müssen keine großen Dinge sein. Oft sind es gerade die kleinen, stillen Zeichen, die am meisten Kraft haben. Mit der Zeit werden Sie bemerken, dass Hoffnung überall um Sie herum ist, selbst in den dunkelsten Zeiten.

Meine Gedanken dazu:

....

....

....

....

....

....

....

....

....

....

....

....

....

....

2. Visualisierung der Zukunft

Wenn wir von Hoffnung sprechen, sprechen wir auch von einer besseren Zukunft. Eine hilfreiche Übung besteht darin, sich diese Zukunft konkret vorzustellen.

Nehmen Sie sich einen Moment der Ruhe, schließen Sie die Augen und stellen Sie sich ein Bild davon vor, wie Ihre Zukunft aussehen könnte, wenn sich alles zum Guten wendet. Sehen Sie sich selbst in diesem Bild. Glücklich, erfüllt und in Frieden. Lassen Sie dieses Bild klar und lebendig vor Ihrem inneren Auge erscheinen.

Je öfter Sie dies tun, desto mehr verankern Sie in sich die Überzeugung, dass diese bessere Zukunft möglich ist. Diese Visualisierung ist nicht nur ein Tagtraum, sondern eine aktive Form, Ihre Hoffnung zu stärken.

Meine Gedanken dazu:

....

....

....

....

....

....

....

....

....

....

....

....

....

....

Psalm 139

Herr, du hast mich erforscht und kennst mich.

Ich sitze oder stehe auf, so weißt du es; du verstehst meine Gedanken von ferne.

Ich gehe oder liege, so bist du um mich und siehst alle meine Wege.

Denn siehe, es ist kein Wort auf meiner Zunge, das du, Herr, nicht alles wüsstest.

Von allen Seiten umgibst du mich und hältst deine Hand über mir.

Diese Erkenntnis ist mir zu wunderbar und zu hoch, ich kann sie nicht begreifen.

Wohin soll ich gehen vor deinem Geist, und wohin soll ich fliehen vor deinem Angesicht?

Führe ich gen Himmel, so bist du da; bettete ich mich bei den Toten, siehe, so bist du auch da.

Nähme ich Flügel der Morgenröte und bliebe am äußersten Meer,

so würde auch dort deine Hand mich führen und deine Rechte mich halten.

Spräche ich: Finsternis möge mich decken und Nacht statt Licht um mich sein,

so wäre auch Finsternis nicht finster bei dir, und die Nacht leuchtete wie der Tag. Finsternis ist wie das Licht.

Denn du hast meine Nieren bereitet und hast mich gebildet im Mutterleibe.

Ich danke dir dafür, dass ich wunderbar gemacht bin; wunderbar sind deine Werke; das erkennt meine Seele.

Es war dir mein Gebein nicht verborgen, als ich im Verborgenen gemacht wurde, als ich gebildet wurde unten in der Erde.

Deine Augen sahen mich, als ich noch nicht bereitet war, und alle Tage waren in dein Buch geschrieben, die noch werden sollten und von denen keiner da war.

Aber wie schwer sind für mich, Gott, deine Gedanken! Wie ist ihre Summe so groß!

Wollte ich sie zählen, so wären sie mehr als der Sand: Am Ende bin ich noch immer bei dir.

Ach Gott, wolltest du doch die Gottlosen töten! Dass doch die Blutgierigen von mir wichen!

Denn sie reden von dir lästerlich, und deine Feinde erheben sich ohne Ursache.

Sollte ich nicht hassen, Herr, die dich hassen, und verabscheuen, die sich gegen dich erheben?

Ich hasse sie mit vollkommenem Hass; sie sind mir zu Feinden geworden.

Erforsche mich, Gott, und erkenne mein Herz; prüfe mich und erkenne, wie ich's meine.

Und siehe, ob ich auf bösem Wege bin, und leite mich auf ewigem Wege.

3. Die Kraft der kleinen Schritte

Hoffnung entsteht oft nicht durch große, dramatische Wendungen, sondern durch kleine, beständige Schritte in Richtung eines Ziels.

Fragen Sie sich: „Was kann ich heute tun, um einen Schritt näher an das heranzukommen, worauf ich hoffe?"

Es muss nicht gleich eine große Veränderung sein. Vielleicht ist es ein kleiner Anruf, eine Entscheidung, oder einfach nur ein Gedanke der Zuversicht. Jeder kleine Schritt, den Sie machen, stärkt das Fundament Ihrer Hoffnung. Denken Sie daran, dass selbst der kleinste Schritt in die richtige Richtung Sie dem Ziel näherbringt. Und das Wissen, dass Sie vorankommen, schenkt neue Hoffnung.

Meine Gedanken dazu:

....

....

....

....

....

....

....

....

....

....

....

....

....

....

4. Hoffnung teilen

Eine der schönsten Eigenschaften der Hoffnung ist, dass sie ansteckend ist. Wenn Sie selbst in einer hoffnungsvollen Haltung leben, geben Sie diese Energie auch an andere weiter.

Überlegen Sie sich: „Wie kann ich heute jemandem Hoffnung schenken?"

Vielleicht ist es ein ermutigendes Wort für einen Freund, der gerade eine schwierige Zeit durchmacht. Vielleicht ist es ein Lächeln für eine Fremde auf der Straße. Oft sind es die einfachsten Gesten, die das größte Potenzial haben, jemandem neuen Mut zu geben. Und Sie werden feststellen, dass das Teilen von Hoffnung auch Ihre eigene stärkt.

Meine Gedanken dazu:

....

....

....

....

....

....

....

....

....

....

....

....

....

....

5. Hoffnung im Gebet oder der Meditation

Wenn Sie glauben, dann ist das Gebet eine kraftvolle Quelle der Hoffnung. Im Gebet wenden wir uns an Gott oder das Göttliche, um Kraft und Zuversicht zu finden.

Sprechen Sie jeden Tag ein kurzes Gebet der Hoffnung und lassen Sie diese Worte tief in Ihr Herz sinken.

Setzen Sie sich in Stille, konzentrieren Sie sich auf Ihren Atem und wiederholen Sie leise in Ihrem Geist: „Ich vertraue auf das Gute, das kommt."

Diese regelmäßige Übung gibt Ihnen die Möglichkeit, Ihre Hoffnung immer wieder zu erneuern und zu festigen.

Meine Gedanken dazu:

....

....

....

....

....

....

....

....

....

....

....

....

....

....

6. Die Hoffnung auf das Gute im Unbekannten

Oft verlieren wir die Hoffnung, weil wir Angst vor dem haben, was wir nicht wissen. Die Zukunft ist ungewiss, und das kann beängstigend sein.

Versuchen Sie, die Ungewissheit als Raum für Möglichkeiten zu betrachten. Wenn wir alles schon wüssten, wäre kein Platz mehr für Überraschungen, für das Gute, das uns unerwartet begegnen kann.

Fragen Sie sich jeden Tag: „Was könnte heute Gutes auf mich zukommen, das ich noch nicht sehe?" Lassen Sie diese Frage offen und seien Sie gespannt auf das Unbekannte. In dieser Offenheit steckt Hoffnung. Die Hoffnung, dass das Leben uns auch dann noch mit Gutem überraschen kann, wenn wir es nicht erwarten.

Meine Gedanken dazu:

....

....

....

....

....

....

....

....

....

....

....

....

....

....

7. Hoffnung in der Natur finden

Die Natur ist eine ständige Erinnerung an Erneuerung und Wandel. Ein Baum, der seine Blätter verliert, weiß, dass der Frühling kommen wird. Auch in Zeiten, in denen alles trostlos wirkt, wächst irgendwo neues Leben.

Gehen Sie hinaus in die Natur, selbst wenn es nur für ein paar Minuten ist. Beobachten Sie die Bäume, den Himmel, das Spiel des Lichts. Lassen Sie sich von der Weisheit der Natur erinnern: Es gibt immer einen neuen Anfang, selbst nach dem dunkelsten Winter. Diese stille, unaufdringliche Hoffnung, die in der Natur lebt, kann uns tief berühren und uns selbst neue Zuversicht schenken.

Meine Gedanken dazu:

....

....

....

....

....

....

....

....

....

....

....

....

....

....

8. Heilquelle Zurückgezogenheit

In der heutigen hektischen Welt ist es wichtig, sich regelmäßig Zeit für sich selbst zu nehmen. Zurückgezogenheit kann eine heilende Wirkung auf die Seele haben. Gut ist es, allein zu sein.

Schaffen Sie sich bewusst Momente der Stille und des Alleinseins. Dies kann ein Spaziergang in der Natur, eine Meditation oder einfach das Lesen eines Buches in einem ruhigen Raum sein.

Praktische Übung: Planen Sie jeden Tag mindestens 15 Minuten ein, in denen Sie sich zurückziehen und sich auf Ihre Gedanken und Gefühle konzentrieren. Notieren Sie in einem Tagebuch, wie Sie sich vor und nach diesen Momenten der Zurückgezogenheit fühlen.

Meine Gedanken dazu:

....

....

....

....

....

....

....

....

....

....

....

....

....

....

9. Heilquelle Musik

Musik hat die Kraft, unsere Stimmung zu beeinflussen und unsere Seele zu heilen. Sie kann uns trösten, inspirieren und erheben.

Wählen Sie Musik, die Sie emotional anspricht und Ihnen ein Gefühl von Frieden und Freude vermittelt.

Praktische Übung: Erstellen Sie eine Playlist mit Ihren Lieblingsliedern, die Sie beruhigen und glücklich machen. Hören Sie diese Playlist bewusst, wenn Sie sich gestresst oder traurig fühlen. Achten Sie darauf, wie sich Ihre Stimmung verändert, während Sie die Musik hören, und notieren Sie Ihre Beobachtungen in einem Tagebuch.

Meine Gedanken dazu:

....

....

....

....

....

....

....

....

....

....

....

....

....

....

Hoffnung ist kein statischer Zustand, sondern ein lebendiger Prozess. Sie muss gepflegt, genährt und bewahrt werden.

Indem Sie diese Übungen in Ihren Alltag integrieren, werden Sie spüren, wie Ihre Hoffnung wächst und zu einem starken, unerschütterlichen Licht wird. Einem Licht, das Sie durch die Herausforderungen des Lebens trägt.

Vom Sinn des Erkrankens

Und wenn dann trotzdem eine Krankheit kommt? Davor sollten wir uns nicht fürchten, sondern versuchen einen Sinn im Kranksein zu finden.

Der Wissenschaftler und Buchautor Friedrich Weinreb schreibt: *„Könnte man nicht dem Kranksein einen Sinn schenken? Muss das Kranksein denn immer nur ein Ärgernis sein, ein Beschämendes, etwas, wovon man nicht spricht, oder, auf der anderen Seite, eine Sucht, ein Paradieren, ein Sich-wichtig-nehmen im Kranksein? In beiden Fällen zeigt sich, dass man nur eine Wirklichkeit kennt. Man ist dann 'in Ägypten gefangen', man lebt in einer aussichtslosen Gefangenschaft, man lebt in einer Welt voller Zwang, voller unerträglicher, unbegreiflicher, drückender Gesetze. Der Sinn des Krankseins ist aber vielmehr das große Erlebnis, dass Krisen nur da sind, um dem Licht der Schöpfung Raum zu geben."* (Friedrich Weinreb, Vom Sinn des Erkrankens, S. 80 f);

Wir können also Krankheiten als Krisen verstehen, die uns die Möglichkeit eröffnen, dem Licht der Schöpfung Raum zu geben.

Christus unser Licht

Licht wird also auch als Medizin eingesetzt.

Für uns Christen ist CHRISTUS das LICHT:

- das Licht, das in unserer Finsternis leuchtet und für unsere Seele Heil bedeutet,
- dieses Licht in unserer Seele, das wir zum seelischen Überleben brauchen, damit es uns den richtigen Weg weist,
- das Licht, das uns und unser Leben hell macht,
- das Licht, das wir nicht unter dem Scheffel stellen sollen, sondern auf einen Leuchter, damit es allen im Hause leuchte.

Öffnen Sie Ihr Herz ganz weit für dieses Licht.

Hildegardis-Codex, sogenannter Scivias-Codex,
Szene: Die wahre Dreiheit in der wahren Einheit

„Dann sah ich ein überhelles Licht und darin eine saphirfarbene Menschengestalt, die völlig von einem sanften rötlichen Feuer durchglüht war. Und das helle Licht überstrahlte das ganze rötliche Feuer und das rötliche Feuer das ganze helle Licht und das helle Licht und das rötliche Feuer die ganze Menschengestalt, so daß sie ein einziges Licht in derselben Stärke und Leuchtkraft (in una vi possibilitatis) bildeten.

Und wieder hörte ich das lebendige Licht zu mir sprechen."

(Hildegard von Bingen, Scivias – Wisse die Wege: Die Visionen der Hildegard von Bingen, S. 118)

Stelle dein Licht auf den Leuchter

Unter diesem Titel ist vor Jahren ein Buch von Jörg Müller erschienen. In der neuen Ausgabe heißt es „Nein sagen können: Verständnis und Missverständnis christlicher Demut".

Viele von uns haben gelernt, bescheiden zu sein, nur nicht auffallen.

Eine Menge Menschen stellen ihr Licht unter den Scheffel in der Meinung, dies sei ein besonderer Ausdruck von Selbstlosigkeit. Sie leiden unter ihrer Hilflosigkeit, sind sich ihres Wertes und ihrer Kreativität, ihrer Güte, ihrer Herzlichkeit ... gar nicht bewusst.

Wenn ihnen dann jemand sagt: „Wenn du bei der Türe hereinkommst, geht für mich die Sonne auf!" dann sagen sie womöglich noch verärgert: „Spar dir deine Komplimente, ich weiß ohnehin, dass ich nichts kann!" Dabei möchte das Kind in ihnen so gerne gelobt und beachtet werden.

Was ist die Ursache? Psychologisch gesehen sind es Selbstwertprobleme.

Manche meinen allen Ernstes nichts wert zu sein, zumindest nicht so viel wie so viele andere, die sie kennen. Ich zitiere für Patienten oder Klienten sehr gerne aus dem Psalm 139:

Ich danke dir o Herr, dass du mich so wunderbar gestaltet hast,
Ich weiß, staunenswert sind deine Werke.

Haben wir nicht alles vom Herrn erhalten, warum danken wir so wenig für unsere guten Seiten, unsere guten Eigenschaften, unsere Talente! Auch heißt es hierzu in der Heiligen Schrift, wir sollen unsere Talente nicht vergraben, sondern damit wuchern!

Nun zurück zum Selbstwert. Wenn ich diesen Wert nicht schon in die Wiege gelegt bekommen habe durch den Glanz im Auge der Mutter, wenn ich mich als Kind nicht angenommen, nicht geliebt und erwünscht gefühlt habe, wenn ich mich also wertlos gefühlt habe, nicht okay gefühlt habe, dann habe ich als Erwachsener ein Selbstwert-problem. Meist sind es Minderwertig-keitsgefühle. Andere haben deshalb auch Größenfantasien, sind zeitweise überheb-lich und angeberisch, um die Minderwertig-keitsgefühle zu kompensieren, oder sie pendeln zwischen den beiden Gefühls-zuständen hin und her.

Selbstwert und Selbstachtung

Ich bin ich selbst.

Es gibt auf der ganzen Welt keinen, der mir vollkommen gleich ist. Es gibt Menschen, die in manchem sind wie ich, aber niemand ist in allem wie ich. Deshalb ist alles, was von mir kommt, original mein; ich habe es gewählt.

Alles was Teil meines Selbst ist, gehört mir:
- mein Körper und alles was er tut,
- mein Geist und meine Seele mit allen dazugehörigen Gedanken und Ideen,
- meine Augen und alle Bilder, die sie aufnehmen,

- meine Gefühle, gleich welcher Art:
  Ärger, Freude, Frustration, Liebe,
  Enttäuschung, Erregung,
- mein Mund und alle Worte, die aus
  ihm kommen, höflich, liebevoll oder
  barsch, richtig oder falsch,
- meine Stimme, laut oder sanft,
- und alles, was ich tue in Beziehung zu
  anderen und zu mir selbst.

Mir gehören meine Fantasien, meine Träume, meine Hoffnungen und meine Ängste. Mir gehören alle meine Siege und Erfolge, all mein Versagen und meine Fehler.

Weil alles, was zu mir gehört, mein Besitz ist, kann ich mit allem zutiefst vertraut werden. Wenn ich das werde, kann ich mich liebhaben und kann mit allem, was zu mir gehört, freundlich umgehen. Und dann kann ich möglich machen, dass alle Teile meiner selbst zu meinem Besten zusammenarbeiten.

Ich weiß, dass es manches an mir gibt, was mich verwirrt, und manches, was mir gar nicht bewusst ist. Aber solange ich liebevoll und freundlich mit mir selbst umgehe, kann ich mutig und voll Hoffnung darangehen,

Wege durch die Wirrnis zu finden und Neues an mir selbst zu entdecken ...

Wie immer ich in einem Augenblick aussehe und mich anhöre, was ich sage und tue, das bin ich. Es ist original (authentisch) und zeigt, wo ich in diesem einen Augenblick stehe.

Wenn ich später überdenke, wie ich aussah und mich anhörte, was ich sagte und tat, und wie ich gedacht und gefühlt habe, werde ich vielleicht bei manchen feststellen, dass es nicht ganz passte. Ich kann dann das aufgeben, was nicht passend ist, und behalten, was sich als passend erwies, und ich erfinde etwas Neues für das, was ich aufgegeben habe.

Ich kann sehen, hören, fühlen, denken, reden und handeln. Ich habe damit das Werkzeug, das mir hilft zu überlegen, anderen Menschen nahe zu sein, produktiv zu sein und die Welt mit ihren Menschen und Dingen um mich herum zu begreifen und zu ordnen.

Ich gehöre mir, und deshalb kann ich mich lenken und bestimmen.

Ich bin Ich, und ich bin okay.

(Vgl. Virginia Satir, Selbstwert und Kommunikation, München 1992, S. 46 ff)

Selbstwert: = die Gefühle und Vorstellungen, die man über sich selbst hat,
= das Gefühl über meine Gefühle.

Gefühle von positivem Selbstwert können nur in einer Atmosphäre gedeihen, in welcher individuelle Verschiedenheiten geschätzt sind, in welcher Fehler toleriert werden, wo man offen miteinander spricht und wo es bewegliche Regeln gibt – kurz in einer Atmosphäre, die eine „nährende", wachstumsfördernde Familie ausmacht.

Dieses vergilbte Foto aus den frühen 70er
Jahren zeigt mich in jungen Jahren, wie ich
mich liebevoll um Pflegekinder kümmere.
Das damals dreijährige Mädchen, das neu-
gierig in die Kamera blickt, während sein
Brüderchen friedlich in meinen Armen ruht,
ist heute eine erfolgreiche Ärztin, die fest
im Leben steht und selbst schon erwachsene
Kinder hat. Dieses Bild fängt für mich die
Essenz von Mutterliebe ein. Mutter, Vater,
Familie sollte immer Liebe, Zuneigung,
Respekt und gegenseitige Fürsorge wider-
spiegeln.

Nur in einer Atmosphäre der Geborgenheit und des Verständnisses kann man wachsen und gedeihen. Eltern müssen individuelle Verschiedenheiten ihrer Kinder tolerieren, Talente fördern und Probleme offen ansprechen – auf Augenhöhe. Es müssen Regeln des Zusammenlebens geschaffen werden, die es jedem garantieren, sich sicher und geliebt zu fühlen. Eine fürsorgliche Umgebung stellt den Nährboden für unseren zukünftigen positiven Selbstwert dar, der uns unser ganzes Leben begleitet.

Dieses Foto erinnert mich daran, wie wichtig es ist, eine solche Umgebung zu schaffen, damit Kinder zu selbstbewussten und glücklichen Erwachsenen heranwachsen können. Es ist ein Zeugnis der Kraft der Zuwendung und der Bedeutung einer liebevollen Familie.

Selbstzweifel überwinden

In ihrem Buch „Erlernte Hilflosigkeit überwinden" schreibt Nicky Marone im Vorwort, dass sich die wenigsten Frauen als hilflos bezeichnen würden. Sie kümmern sich um die Familie und sonstige Verpflichtungen und betrachten sich als erwachsene, verantwortungsbewusste Frauen.

„Und doch leben viele von uns insgeheim noch ein Leben... in diesem geheimen Leben verstehen wir die Bedeutung der Hilflosigkeit. In diesem geheimen Leben können uns ewig wiederholte zerstörerische Verhaltensmuster fest im Griff haben. So halten wir zum Beispiel starr an ungesunden Liebesbeziehungen fest; kämpfen endlos mit Essproblemen oder Süchten; geraten angesichts unvorhergesehener Veränderungen in unserem Leben grundlos in Panik... Selbst wenn wir die meisten unserer Ziele erreicht haben, bleiben viele von uns von geheimen Selbstzweifeln und niedrigem Selbstwertgefühl geplagt." (Nicky Marone, Erlernte Hilflosigkeit überwinden, Fischer 1994)

Erlernte Hilflosigkeit ist der Grund für diese geheimen Selbstzweifel.

Untersuchungen über erlernte Hilflosigkeit haben unter anderem Folgendes gezeigt: In Studien, in denen bei Kindern experimentell ein Zustand der Verwirrung ausgelöst wird, reagieren Jungen mit geringen geistigen Fähigkeiten regelmäßig positiv erregt auf ihre eigene Verwirrung; das heißt, sie versuchen daraufhin noch hartnäckiger, die anstehende Aufgabe zu lösen. Hochbegabte Mädchen andererseits sind die Gruppe, die durch ihre Verwirrung am meisten behindert wird; das heißt, sie geben auf. Und genau das sollten diese hochbegabten Mädchen nicht: „aufgeben", oder sich womöglich mit düsteren, sich selbst herabsetzenden Gedanken zurückziehen, sie sollten sich neu orientieren und sich Hilfe holen.

Was solche Menschen brauchen ist in erster Linie jemand, der ihnen Mut macht, Mut zu neuen Erfahrungen, Mut Neues zu erlernen, Mut die eigenen Fähigkeiten zu sehen und anzuwenden, eigene Kompetenzen zu entdecken und zur weiteren Lebensgestaltung einzusetzen.

Ein Beispiel: Eine junge Frau mitten im Studium, immer wieder quälte sie sich mit der Frage: Werde ich das alles schaffen, werde ich später in meinem Beruf auch tüchtig sein? Immer wieder kamen diese nagenden Gedanken. Da las sie eines Tages bei Paulus: *„alles vermag ich in dem der mich stärkt ..."* Sie sagte später, das war plötzlich wie eine Offenbarung: Ja, wenn Gott es will, werde ich das Studium und mein Leben schaffen, ich werde dazu tun, was ich kann. Die quälenden Gedanken wurden immer weniger und gesunder Realismus stellte sich ein.

Von der Psychologie wird empfohlen, sich selbst anzunehmen, wie man ist, mit seinen guten und schlechten Seiten, ja es ist sogar notwendig auch das Böse, den Schatten zu sehen und anzunehmen.

Die Selbstannahme ist ein bewusster Akt, eine Einstellung, eine neue Einstellung zu sich selbst. In der TA (Transaktionsanalyse: Ich bin okay, Du bist okay) wird großer Wert darauf gelegt, sich selbst dieses „Ich bin okay" zu geben und auch die anderen als grundsätzlich okay anzusehen, als Menschen, wie wir selbst.

Wir Christen haben es hier etwas leichter, wir können uns sagen und vorstellen, vorstellen ist noch besser: Ich bin alleine schon dadurch wertvoll, weil mich Gott erschaffen hat, weil ER wollte, dass ich lebe. Wir dürfen IHN Vater nennen. Stellen Sie sich einen ganz berühmten Mann vor und denken Sie, das ist mein Vater ... Nun, unser Vater im Himmel ist um vieles mächtiger, nämlich allmächtig, gütiger und besorgter um uns. In Seine Hand bin ich geschrieben, also wir haben allen Grund uns von Gott geliebt zu fühlen, aber lieben wir uns vielleicht selbst so wenig, dass wir die Liebe Gottes nicht annehmen können?

Licht sein

Damit ich Licht sein kann für andere, damit ich strahlen kann, damit es auch in mir hell und freundlich ist, ist es wichtig, dass ich mich selbst annehme, so wie ich bin.

Das Sich-Selbst-Annehmen ist nach C.G. Jung der Inbegriff des moralischen Problems und der Kern einer ganzen Weltanschauung. Dass ich den Bettler bewirte, dass ich dem Beleidiger vergebe, dass ich den Feind sogar liebe im Namen Christi, ist unzweifelhaft hohe Tugend. Was ich dem geringsten unter meinen Brüdern tue, das habe ich Christo getan.

Wenn ich nun aber entdecken sollte, dass der geringste von allen, der ärmste aller Bettler, der frechste aller Beleidiger, ja der Feind selber in mir ist, dass ich selber des Almosens meiner Güte bedarf, dass ich mir selber der zu liebende Feind bin, was dann?

„Diese Selbstliebe beginnt gar nicht so selten im Schatten, mit Selbstmitleid, mit Gefühlen für einen selbst. Aus dem Bedürfnis nach Zärtlichkeit und Streicheln, danach,

aufgenommen zu werden, versorgt und angehört zu werden, stammt die wirkliche Fürsorge für einen selbst.

So kann Selbstmitleid der Anfang sein der Fürsorge für sich selbst. Und durch das Selbstmitleid kann ich dahin geführt werden, eine Menge vernachlässigter Werte in mir selbst wiederzuentdecken, die auf diesen Sturz in sehnsüchtiges Verlangen nach Erlösung, in verlorene Strebungen und Reue über falsche Entscheidungen gewartet haben. Denn das Selbstmitleid ist eine Form der Selbstentdeckung, der Selbstoffenbarung; es offenbart mir meine Sehnsüchte. Was meinem tiefsten, verletzbarsten und empfindsamsten Teil wirklich wichtig ist, wird offenbar. Hier beginnt die vertikale Verbindung in mir selbst sich weiter nach unten (ins Unbewusste) auszudehnen."

(James Hillman: Die Suche nach Innen, S. 114)

Natürlich sollte Selbstmitleid nur eine Durchgangsphase zur gesunden Selbstliebe und anschließend gleichzeitig zu wirklicher Nächstenliebe führen. Den Nächsten lieben, wie sich selbst, sagen nicht nur die Psychologen, sondern das steht auch in der Heiligen Schrift.

71

Dr. Jekyll and Mr. Hyde

Ihr seid das Licht der Welt! Damit das aber realistischer werden kann, möchte ich die verschiedenen Finsternisse ansprechen – und wie man aus bzw. durch diese Finsternisse hindurch ans Licht gelangen kann.

Dr. Jekyll und Mr. Hyde sind Ihnen wahrscheinlich ein Begriff. Der nette und strebsame Wissenschaftler Dr. Jekyll verwandelt sich in den gewalttätigen und rücksichtslosen Mr. Hyde, dessen Bosheit und Niedertracht monströse Formen annehmen. Der vor der Ehe so freundliche, aufmerksame und charmante Mann quält kurz nach der Hochzeit seine Frau, prügelt sie und vergewaltigt sie.

In jedem von uns ist ein Dr. Jekyll und ein Mr. Hyde, sagen die Psychologen, da ist eine eher gewinnende Persönlichkeit für den Alltagsgebrauch und ein verborgenes nächtliches Ich, das die meiste Zeit geheim gehalten und vertuscht wird. Negative Gefühle und Verhaltensweisen – Wut, Eifersucht, Scham, Lügen, Hass, Lüsternheit, Gier, mörderische und selbstmörderische Tendenzen – liegen gleich unter der Oberfläche, notdürftig verdeckt von einem respektablen Äußeren.

Dieser Bereich, in der Psychologie „der persönliche Schatten" genannt, bleibt für die meisten von uns unerforscht, wild und ungebändigt.

Fallbeispiel: 31-jährige Frau mit 8-jährigem Sohn, wird von ihrem Ehemann nach 9 Jahren Ehe plötzlich ohne Vorwarnung wegen einer anderen Frau verlassen. Dabei hatte er ihr bei der Hochzeit versprochen, dass sie studieren könne, sobald er sein Studium abgeschlossen habe. Nachdem er 9 Jahre studiert und von ihrem Geld gelebt hatte, verließ er sie am Tage nach seiner Sponsion. – Ein moderner Dr. Hyde, herzlos, böse und zerstörend. Dabei scheint er sich der Grausamkeit seiner Handlung gar nicht bewusst gewesen zu sein, inzwischen hat er noch zwei Frauen unglücklich gemacht und ist selbst auch nicht glücklich.

So gibt es zahllose Beispiele, wo jemand liebevoll und gütig – plötzlich zum grausamen Egozenten wird.

Damit solche Verwandlungen nicht einfach „passieren" ist die Selbsterkenntnis ungemein wichtig.

Das Licht der Selbsterkenntnis

Die Giebelfronten des Apollotempels von Delphi in Griechenland trugen zwei berühmte Inschriften, die auch für uns noch von tiefer Bedeutung sind:

Erkenne dich selbst

Dieser Ausspruch – Erkenne dich selbst – beschreibt das, was unsere Aufgabe ist. Erkenne dich in allem, was du bist, mahnten die Priester des Licht-Gottes, und wir könnten vielleicht hinzufügen: insbesondere deine dunkle Seite.

Die zweite Delphische Inschrift sagt vielleicht mehr über die Zeit, in der wir leben:

Nichts im Übermaß

Auch für viele Heilige und Philosophen war Selbsterkenntnis sehr wichtig.

Die große Hl. Theresia schreibt über die Selbsterkenntnis in ihrem Buch „Die Seelenburg", es *„wäre ein Zeichen von großer Unvernunft, wenn wir uns nicht um die Erkenntnis unserer selbst kümmerten, sondern uns nur mit unserem Leibe befassten; (ja, es wäre höchst unvernünftig), wenn wir nur so obenhin, vielleicht aus der Erfahrung oder durch den Glauben, wissen, dass wir eine Seele haben ..."* (Vgl. Teresa von Ávila, Die Seelenburg)

An anderer Stelle schreibt Theresia, wie hoch eine Person auch stehen möge, *„so kann doch nie etwas diese Selbsterkenntnis ersetzen"... „Ich weiß nicht, ob ich mich deutlich genug erklärt habe. Denn die Selbsterkenntnis ist so wichtig, dass ich nie eine Nachlässigkeit bei deren Erwerb wünschte, selbst wenn ihr euch auch bis* *zum Himmel erhoben hättet"*... *„Indessen werden wir nach meiner Ansicht doch nie zur vollkommenen Selbsterkenntnis gelangen, wenn wir uns nicht auch befleißen, Gott kennenzulernen ..."*

In diesem Kapitel schreibt die Kirchenlehrerin Theresa noch etwas sehr Interessantes: *„Hütet euch, meine Töchter, vor fremden Sorgen!"* Theresa war auch psychologisch eine großartige Frau.

Auch die Karmelitin und Philosophin Edith Stein ist dieser Auffassung: *„Es ist Aufgabe eines jeden Menschen, zu sich selbst zu kommen, das innerste Wesen seines Ichs zu entdecken..."* (Vgl. Andrés Bejas, in: Gertrude und Thomas Sartory, Handeln aus dem Geist: Texte zum Nachdenken, Herder 1987)

Der Zugang ins Innere bleibt immer der persönlichen Eigenart unterworfen. Für die einen sind die Meditation und das Gebet die Bedingung der Möglichkeit, bei sich selbst einzukehren; für andere aber sind die zwischenmenschlichen Beziehungen oder gar die wissenschaftliche Erforschung der Psyche die wesentlichen Faktoren, die die

76

Vertiefung in die innere Welt des Menschen ermöglichen.

Die Seele wird in ihrem Sein und Werden von Gott getragen und birgt in sich den Stempel des göttlichen Seins. Daher ist das „Zu-sich-selbst-kommen" und das „Gott-finden" eine einzige Realität, wobei die Tatsache, dass man Gott finden kann, notwendige Voraussetzung für die Selbsterkenntnis der Seele ist:

Wer Gott nicht findet,
der gelangt auch nicht zu sich selbst.

In der Psychotherapie, hier vor allem in der Psychoanalyse und analytischen Psychologie, aber auch in der Oberstufe der Autogenen Psychotherapie geht es um Selbsterkenntnis.

Der Begründer der Analytischen Psychologie, C.G. Jung, schreibt, was in der Psychotherapie wirklich hilft: *„Das einzige, was wirklich hilft, ist die Selbsterkenntnis und die dadurch bewirkte Änderung der geistigen und moralischen Einstellung."* (Briefe III, S. 284)

Nach Jung ist Selbsterkenntnis auch ein Abenteuer, das in unerwartete Weiten und Tiefen führt. (Vgl. Ges. Werke 14/II, S. 298) Wenn Jung sagt, dass unter unserer Welt der Vernunft eine andere Welt vergraben liegt und wir wohl noch so manches durchzumachen haben, bis wir uns dies einzugestehen wagen, so untertreibt er gewiss ein wenig. Wer all das auch tun könnte, kann dann auch die bewusste Entscheidung treffen, sich im Zaum zu halten und in seinem Handeln zivilisiert zu bleiben.

Wie können wir uns selbst erkennen? Nach C.G. Jung beginnt die Selbsterkenntnis bei der Einsicht in den sogenannten Schatten.

Licht in die eigenen Schattenseiten bringen

Der Schatten ist ein Begriff der Jungschen Psychologie, er versteht darunter die dunkle Seite unserer Persönlichkeit, das Böse, Abgelehnte, Verdrängte, das wir bewusst nicht wahrhaben wollen, teilweise gar nicht kennen, weil es uns eben nicht bewusst ist.

„Der Schatten ist der Teil der Persönlichkeit, der zugunsten des Ichideals unterdrückt wird. Das heißt, wir haben eine Vorstellung von dem, was wir sein möchten, und alles, was nicht dazupasst, wird ins Unbewusste abgeschoben, verdrängt. Da aber alles Unbewusste projiziert wird, treffen wir den Schatten in Projektionen an; in dem, was wir im 'anderen' sehen, können wir unseren eigenen Schatten erkennen. Meist sind wir aber davon überzeugt, dass der andere wirklich so ist, wie wir ihn sehen, denn es ist einfacher, unangenehme Eigenschaften am anderen zu kritisieren, als sich selbst an der Nase zu nehmen." (Anne Maguire, Die dunklen Begleiter der Seele, Walter 1996, S. 122)

Meist übertragen wir den negativen Schatten, also einen der dunklen Begleiter unserer Seele, auf andere.

Sie kennen das Gleichnis vom Splitter im Auge des Nächsten – aber den Balken im eigenen Auge sehen wir nicht. Das ist mit Projektion oder Übertragung gemeint.

Zum Schatten gehören nach Jung aber auch unsere guten Seiten, die uns nicht bewusst sind: Kreativität, Güte, Herzlichkeit, so manche Dinge, die wir an anderen bewundern – sprich projizieren, das heißt übertragen.

Ein Beispiel für positive Übertragung: Franziska bewundert ihre ältere Schwester Sabine sehr, sie kommt ihr so schön, so lieb, so klug und von anderen bewundert vor. Franziska merkt überhaupt nicht, dass sie selbst noch lieber und geschätzter ist als ihre Schwester.

Ein Weg zur Selbsterkenntnis ist zu überlegen: Welche Eigenschaften mag ich an anderen Menschen so überhaupt nicht? Das sind dann meist die von mir abgelehnten

Eigenschaften, die ich bei mir so überhaupt nicht sehen will und deshalb nach außen verlagere, auf jemand anderen übertrage, der gerade da ist oder der mir irgendwie ähnlich ist, mich an diese oder jene Eigenschaft an mir erinnert.

Jung nennt dies „Schattenprojektion" und die Aufgabe in der Psychotherapie ist dann, diese Projektion zurückzunehmen, das heißt zuerst erkennen, dass es eine Übertragung ist und dass ich diese Eigenschaft selbst habe.

Nun, wenn es eine positive Eigenschaft ist, kann ich mich daran erfreuen und Gott dafür danken. Ist es allerdings eine negative Eigenschaft, dann soll ich auch anerkennen, dass ich sie habe, damit sie mich nicht eines Tages erwischt. Hier gilt: Mit dem Feind, den ich kenne, kann ich verhandeln, der wird mich nicht hinterrücks überfallen können.

Diese Sache mit unserem Schatten ist so wichtig, daher möchte ich sie noch von einer anderen Seite beleuchten.

Der Paartherapeut Dr. Hans Jellouschek formuliert das so: *„Unsere Schattenseiten sind meist dunkel, sie sind uns unvertraut, unangenehm, und sie bedrohen uns. Darum greifen wir zu einem Gegenmittel, und dieses Gegenmittel wird in der Psychologie Projektion – Übertragung genannt. Das heißt: Wir hängen dem anderen unsere Schattenseite an und machen sie ihm dann zum Vorwurf."* (Hans Jellouschek, Wie Partnerschaft gelingt – Spielregeln der Liebe, Herder 2007, S. 43)

Jellouschek veranschaulicht dies mit einem Beispiel: *„Wenn also Alfred Angelika 'Chaosweib' schimpft, dann gibt sie ihm mit ihrer Unordnung zwar Anlass dazu, aber aufregen tut er sich deshalb so arg, weil ihm in ihrer Unordnung sein eigener Schatten, sein eigenes Chaos begegnet. Das hat psychisch gesehen (meine Anm.: für ihn scheinbare) Vorteile: Angelika verkörpert nun das Chaos. Und wenn er sie deshalb 'Schlampe' nennt, erscheint uns diese Anspielung auf den sexuellen Bereich nun keineswegs unverständlich. Wenn Alfred das Chaos an ihr bekämpft, braucht er sich nicht mehr in seiner eigenen Seele darum zu* *kümmern. Das entlastet die eigene Psyche. Aber andererseits zerstört es natürlich die Beziehung. Die Partnerin fühlt dunkel: Zu irgend etwas diene ich dem anderen. Der andere benützt mich für etwas, er trägt an mit etwas aus, was eigentlich seine Sache wäre.*

Dasselbe, was wir im Lichte des Bibelwortes vom Balken und dem Splitter im Auge und der Psychologie Jungs über Alfred sagen, trifft natürlich andererseits auch auf Angelika zu. Menschen wie sie bekämpfen mit ihrer sogenannten Großzügigkeit oft das genaue Gegenteil, das sie auch in sich tragen: nämlich einen regelrechten Ordnungsfanatismus.

Bei ihrer 'Großzügigkeit' könnte es sich um eine innerlich fixierte rebellische Haltung handeln, die sich gegen die Pingeligkeit richtet, die ihr in ihrem Elternhaus antrainiert werden sollte und gegen die sie sich jetzt noch immer wehrt, indem sie genau das Gegenteil davon tut. Aber die Pingeligkeit ist damit nicht einfach verschwunden. Sie hat sie – zusammen mit ihren inneren Eltern-Bildern – lediglich in den 'Schatten' ihrer Seele abgedrängt.

In Alfred tritt ihr dieser Schatten wieder gegenüber. Sie projiziert also auch ihrerseits, nämlich ihre eigene überstrenge Seite auf Alfred, und bekämpft sie an ihm. Bei beiden vollzieht sich dasselbe: Indem sie den Splitter im Auge des anderen fixieren, sehen sie den Balken im eigenen Auge nicht – und zerstören damit ihre Beziehung, weil jeder den anderen zum Schuldigen macht." (a.a.O., S. 43)

Als Abhilfe gibt uns ein Bibeltext einen weisen Rat:

Zieh zuvor den Balken aus deinem Auge und siehe dann zu, dass du den Splitter aus deines Bruders Auge ziehst!

Aber so einfach ist es leider nicht, die Projektion wird meist nicht durchschaut und so gleichen Alfred und Angelika den beiden Blinden, wo einer den anderen in die Grube hineinmanövriert. Hier ist Licht nötig, damit wir Sehende werden, um den Rat des Jesuswortes befolgen zu können.

Die amerikanische Psychologin und Psychoanalytikrin Clarissa Pinkola Estés schreibt sehr interessant über den Vergleich mit anderen: *„Welche Frau kennt diese Situation nicht? Der Teufel des Vergleichs mit anderen. Andere, die auf irgendeine Weise reicher wirken, schöner wirken, moderner wirken, klüger wirken. Da klopft der Teufel an die Tür und viele öffnen ihm: 'Bitte schön, versprich mir, was ich hören will, und dafür darfst du mir meine Gutgläubigkeit, meine Unbewusstheit und mein Lebenslicht aus den Knochen saugen.'*

Der Teufel ist der innewohnende Verdunklungsaspekt, welcher nie ohne abrupte Weckmittel von einer schlafwandelnden Unschuld erkannt wird. Beide, die träumende Unschuld und der Teufel, fühlen sich gleichermaßen zueinander hingezogen. Das Dunkle sehnt sich nach dem Licht der seelischen Schönheit, Großzügigkeit, Jungfräulichkeit und des Edelmuts, denn diese Kombination lässt sich am leichtesten ausbeuten.

Viele Frauen lassen sich unwissentlich auf einen Pakt mit dem Teufel ein, indem sie sich willig von anderen ausnutzen lassen, um bloß nicht energisch Nein sagen zu müssen und damit die Zuneigung der Mitmenschen aufs Spiel zu setzen. Der innewohnende Räuber bietet ihnen das Gold des Geliebtwerdens im Tausch dagegen an, dass sie ihre natürlichen Abwehrrektionen gegen das Ausgebeutetwerden aufgeben. Und dieser ungleiche Handel wird nicht nur der jungfräulich naiven Psyche aufgedrängt – auch Frauen im Alter von 40, 50 und mehr Jahren schlagen sich mit dieser Verlockung und dann der Wut über das nie eingehaltene Versprechen herum." (Clarissa Pinkola Estés, Die Wolfsfrau, Heyne 1997)

Eine Frau erzählte mir, der Mann, den sie so sehr geliebt hatte, und für den sie alles, wirklich alles getan hatte, ohne auf ihre eigenen Wünsche auch nur im geringsten zu achten, dieser Mann habe sie jetzt, nach 17 Jahren, wegen einer Jüngeren verlassen. Vorher hatte er ihr noch seine Geringschätzung auch wörtlich präsentiert: „Schau dich doch an, was aus dir geworden ist!" Sie war tatsächlich eine verhärmte, ängstliche und unglückliche Frau geworden und hatte doch die besten Anlagen gehabt. Dieses

Verlassenwerden wurde ihr übrigens zum Segen.

Sich selbst zu lieben wie seinen Nächsten, sollten wir nicht aus den Augen lassen.

Bernhard von Clairvaux schreibt: *„Sei du für dich selber der erste und der letzte Gegenstand des Nachdenkens. Fange damit an, dass du über dich selbst nachdenkst, damit du dich nicht selbstvergessen nach anderem ausstreckst. Was nützt es dir, wenn du die ganze Welt gewinnst und einzig dich verlierst?“* (Bernhard von Clairvaux, in Wunibald Müller, Gönne dich dir selbst, Vier-Türme-Verlag 2001)

An anderer Stelle schreibt er: *„Fang also damit an, über dich selbst nachzudenken und nicht nur dies: Lass dein Nachdenken auch bei dir selbst zum Abschluss kommen. Wohin deine Gedanken auch schweifen mögen, rufe sie zu dir selbst zurück und du erntest Früchte des Heiles.“* (a.a.O.) Und er fragt:

Wie kannst du aber voll und echt Mensch sein, wenn du dich selbst verloren hast?

Versöhnung mit dem eigenen Schatten – den Weg zur Ganzheit finden: Praktische Übungen für Ihre Seele

Wir alle tragen Teile in uns, die wir gerne verbergen möchten. Diese Teile, die oft als „Schatten" bezeichnet werden, bestehen aus Aspekten unseres Selbst, die wir nicht mögen oder die wir als unpassend empfinden.

Doch die Wahrheit ist, dass diese Schatten nicht unser Feind sind. Sie sind vielmehr Teile unserer Seele, die nach Annahme und Heilung rufen. Wenn wir lernen, uns mit unserem Schatten zu versöhnen, finden wir zu einer tiefen inneren Ganzheit und einem Leben in Frieden mit uns selbst.

Hier sind einige Übungen, die Ihnen helfen können, diesen Weg zu beschreiten.

1. Den Schatten erkennen

Der erste Schritt auf dem Weg zur Versöhnung mit unserem Schatten ist das Erkennen. Oft leben wir in einem automatischen Zustand der Ablehnung gegenüber den Teilen von uns, die wir nicht mögen. Sei es Wut, Eifersucht, Unsicherheit oder Schwäche. Diese Teile schieben wir gerne weg, wollen sie nicht sehen, und doch sind sie da. Oft lauter, als uns lieb ist.

Beginnen Sie damit, achtsam hinzuhören. Fragen Sie sich: „Was lehne ich an mir ab? Wo spüre ich Widerstand gegen bestimmte Gefühle oder Eigenschaften?"

Nehmen Sie sich regelmäßig am Abend Zeit, um über die Momente des Tages nachzudenken, in denen diese Anteile sich gezeigt haben. Aber verurteilen Sie sich nicht dafür. Sehen Sie sie als Boten, die Ihnen etwas Wichtiges über sich selbst erzählen wollen.

Meine Gedanken dazu:

....

....

....

....

....

....

....

....

....

....

....

....

....

....

2. Annahme üben

Der nächste Schritt ist die Annahme. Und hier ist eine Wahrheit, die oft schwer anzunehmen ist: Wir müssen nicht perfekt sein, um wertvoll zu sein.

Auch unsere Schattenseiten gehören zu uns, und sie haben ihren Grund. Sie sind Teil unserer Menschlichkeit. Wenn Sie also das nächste Mal spüren, dass eine unangenehme Emotion oder ein negativer Gedanke auftaucht, nehmen Sie ihn wahr, ohne zu kämpfen. Sagen Sie sich: „Auch das bin ich."

Setzen Sie sich hin, legen Sie die Hand auf Ihr Herz und spüren Sie hinein. Sie müssen nicht sofort „besser" werden. Versöhnung bedeutet, zu sagen: „Es ist okay, dass ich gerade so bin."

Meine Gedanken dazu:

....

....

....

....

....

....

....

....

....

....

....

....

....

....

3. Den Schatten eine Stimme geben

Oft verbergen sich hinter unseren Schatten alte, unverarbeitete Wunden. Gefühle, die wir lange Zeit unterdrückt haben.

Eine kraftvolle Übung besteht darin, diesen verdrängten Teilen von uns eine Stimme zu geben. Schreiben Sie einen Dialog auf, in dem Sie mit Ihrem Schatten sprechen. Fragen Sie: „Was willst du mir sagen? Warum tauchst du immer wieder auf?"

Hören Sie auf das, was diese Teile zu sagen haben. Vielleicht ist die Wut, die Sie oft spüren, eine Reaktion auf alte, ungeheilte Verletzungen. Vielleicht ist Ihre Unsicherheit eine Schutzstrategie, die Sie einst vor Schmerz bewahrt hat. Indem Sie diese Teile hören und verstehen, können Sie beginnen, sie zu integrieren.

Meine Gedanken dazu:

....

....

....

....

....

....

....

....

....

....

....

....

....

....

4. Selbstmitgefühl kultivieren

Es ist leicht, sich selbst zu verurteilen, wenn die dunklen Seiten in uns hochkommen. Doch was unser Schatten am meisten braucht, ist Mitgefühl – und zwar von uns selbst.

Üben Sie sich darin, sich selbst so zu behandeln, wie Sie einen guten Freund behandeln würden. Wenn Sie einen „schlechten" Tag haben, an dem Ihre Schattenseite überhandnimmt, seien Sie freundlich zu sich. Sagen Sie sich: „Es ist in Ordnung. Ich bin menschlich, ich wachse, und ich gebe mein Bestes."

Nehmen Sie sich einen Moment der Ruhe, legen Sie die Hand auf Ihre Brust und atmen Sie tief. Seien Sie sanft mit sich selbst. Sie brauchen keine sofortige Lösung, sondern nur ein wenig Liebe und Geduld.

Meine Gedanken dazu:

....

....

....

....

....

....

....

....

....

....

....

....

....

....

5. Versöhnung durch Visualisierung

Manchmal hilft es, uns den Prozess der Versöhnung bildlich vorzustellen. Nehmen Sie sich dafür am besten ein paar Minuten, wenn Sie in einer ruhigen Umgebung sind.

Setzen Sie sich bequem hin, schließen Sie die Augen und stellen Sie sich vor, wie Sie in einem Raum stehen. Vor Ihnen steht Ihr Schatten. Jene Teile von Ihnen, die Sie ablehnen. Wie sieht dieser Schatten aus? Vielleicht hat er eine Gestalt, vielleicht ist er einfach ein Gefühl.

Nun stellen Sie sich vor, wie Sie langsam auf ihn zugehen. Sie strecken die Hand aus und sagen: „Ich sehe dich. Du bist ein Teil von mir, und ich nehme dich an." Sehen Sie, wie der Schatten weicher wird, wie er sich mit Ihnen verbindet und in Sie integriert. Atmen Sie tief und spüren Sie die Versöhnung.

Meine Gedanken dazu:

....

....

....

....

....

....

....

....

....

....

....

....

....

....

6. Die Balance zwischen Licht und Schatten

Wir alle tragen Licht und Schatten in uns. Die Kunst der Versöhnung mit dem eigenen Schatten liegt nicht darin, den Schatten loszuwerden, sondern ihn zu akzeptieren und in Balance mit unserem Licht zu leben.

Fragen Sie sich jeden Tag: „Wie kann ich heute meine Schattenseite annehmen, ohne mich von ihr bestimmen zu lassen?"

Seien Sie achtsam, aber auch nachsichtig mit sich. Sie müssen nicht immer perfekt handeln. Das Leben ist ein ständiges Spiel zwischen Licht und Schatten, und je mehr wir beide Seiten umarmen, desto freier werden wir.

Die Versöhnung mit dem eigenen Schatten ist ein Weg zu innerer Freiheit und Selbstliebe. Es ist ein Prozess, der Zeit und Geduld braucht, aber jeder Schritt bringt Sie näher zu einem Leben in Frieden mit sich selbst.

Seien Sie geduldig und seien Sie liebevoll. Denn auch Ihr Schatten verdient Versöhnung und Heilung.

Meine Gedanken dazu:

....

....

....

....

....

....

....

....

....

....

....

....

....

....

Selbsterkenntnis anhand der sieben Todsünden

Die Fähigkeit, unsere oft unbewusst wirkenden destruktiven Seiten wahrzunehmen, ist die Voraussetzung dafür, dass wir uns mit ihnen auseinandersetzen und sie dadurch einer Veränderung zugänglich machen können.

Die bereits zitierte englische Ärztin und Psychotherapeutin Anne Maguire hat ein interessantes Buch geschrieben, in dem sie die sieben Todsünden psychologisch betrachtet: „Die dunklen Begleiter der Seele".

Die sieben Todsünden Stolz, Zorn, Eifersucht, Trägheit, Wollust, Geiz und Völlerei sind so alt wie die Menschheit und in ihren Erscheinungsformen allgegenwärtig und alltäglich.

Ich habe mir früher oft überlegt, warum sie Tod-sünden heißen, jetzt nicht theologisch, sondern psychologisch. Sie können unerkannt tatsächlich den Tod bringen, den moralischen, den gefühlsmäßigen und sogar den realen Tod. Sie brauchen nur an verschiedene Zeitungsmeldungen zu denken, wo z. B. ein Mann aus Eifersucht seine Frau und seine Kinder tötet. Das ist natürlich ein Extrembeispiel, aber es zeigt, wohin uns die Eifersucht bringen kann.

Eifersucht – Invidia

Eifersucht ist eines der häufigsten menschlichen Gefühle. Jeder Mensch hat irgendwann die Bekanntschaft mit der Eifersucht gemacht, ob als Kind, indem sie oder er auf das Brüderchen oder Schwesterchen eifersüchtig war, oder später auf eine Freundin, auf Arbeitskolleginnen...

Sie kennen wahrscheinlich den Spruch: Eifersucht ist eine Leidenschaft, die mit Eifer sucht, was Leiden schafft.

Nun ja, Eifersucht tut uns nicht gut, sie schafft allemal Leiden und zwar hauptsächlich dem, der sie hat. Übrigens, es gibt auch eine krankhafte Eifersucht, die völlig grundlos ist, aber natürlich dieselben Leiden schafft.

Wenn wir uns unsere Eifersucht nicht bewusst machen, kann sie irgendwann plötzlich mit aller Wucht hervorbrechen und nicht nur das Objekt, nämlich den Menschen, dem sie gilt, verletzen, sondern auch uns selbst großen Schaden zufügen.

Ein Beispiel: Ein Mann mittleren Alters, nennen wir ihn Wilhelm, bewundert seit Jahren seinen Arbeitskollegen wegen dessen vielen Vorzügen, gleichzeitig ist er eifersüchtig, weil dieser beruflich erfolgreicher ist. Die Eifersucht gesteht er sich aber nicht ein, sondern freut sich, dass der Arbeitskollege ihm das Du-Wort anbietet, und so werden sie Freunde.

Dieser Mann Wilhelm lädt nun seinen Freund und Arbeitskollegen nach Hause ein. Immer wieder – und nun ahnen Sie ja schon, was kommt. Seine Frau findet diesen

Freund nicht besonders attraktiv, ihr Mann Wilhelm ist ihr bedeutend lieber. Dann aber kommt eines Tages eine Szene, in der Wilhelm völlig ausrastet und seiner Frau vorwirft, sie „hätte etwas mit seinem Freund", die Frau fällt als allen Wolken ob der Beschuldigung. Sie kann sagen und tun, was sie will, ihr Mann ist eifersüchtig. Eines Tages bedroht er sogar seinen Freund mit einem Revolver.

Das sieht aus, wie krankhafte Eifersucht, ist psychologisch aber erklärbar, der Mann war schon immer auch eifersüchtig auf diesen Kollegen, hat sich das aber nie bewusst gemacht und plötzlich überfiel ihn die Eifersucht.

Die Eifersucht ist mit dem Neid verwandt, ja, vom Lateinischen her – „invidia" – wird sie gleichgesetzt mit Neid. Auch im allgemeinen Sprachgebrauch werden die Begriffe oft synonym verwendet.

Prinzipiell kann man folgende Unterscheidung machen: Neid fasst ins Auge, was man nicht hat, jedoch haben möchte, Eifersucht konzentriert sich auf das, was man besitzt, aber nicht verlieren möchte.

Das sogenannte Mobbing hat seine Wurzeln auch häufig in Eifersucht und Neid. Übermäßiger Ehrgeiz kann ebenfalls eine Rolle spielen.

Ein Beispiel: In einer Abteilung eines großen Konzerns arbeitet eine 46-jährige Frau seit 15 Jahren fleißig und kompetent zur Zufriedenheit aller als Sekretärin. Da die Arbeit inzwischen mit den Jahren gewachsen ist, wird eine neue Kollegin aufgenommen. Diese hat etwas Probleme bei der Einarbeitung, wird jedoch von der älteren Kollegin bereitwillig unterstützt.

Die neue Kollegin ist auf deren Kompetenz und Sachwissen, deren ruhige, freundliche Art eifersüchtig. Sie versucht nun, wo sie nur kann, unsere 46-Jährige herabzusetzen, macht auch vor dem Chef nicht halt. Innerhalb eines Jahres hat sie es geschafft, das Betriebsklima zu vergiften und die bisherige bestens arbeitende Sekretärin ins Abseits zu drängen. Diese reagiert mit einer schweren Depression und will nicht mehr leben. Um überleben zu können, kündigt sie, obwohl sie die Arbeit gefreut hatte und sie sehr gut bezahlt war.

Die englische Psychotherapeutin Anne Maguire schreibt: *„Es ist unsere Pflicht, unsere Eifersucht und unseren Neid zu erkennen. Sind wir uns ihrer nicht bewußt, dann leben sie als finstere Dämonen in teuflischer Majestät weiter hinter unserer Anpassung an die Eintönigkeit des Alltags."* (Anne Maguire, Die dunklen Begleiter der Seele, Walter 1996, S. 111)

Bewusstes Erkennen von Neid und Eifersucht bringt diese Emotionen zwar nicht zum Verschwinden, doch wir können bewusst verhindern, dass sie uns oder andere zerstören.

Maguire weiter: *„Ist jemand eifersüchtig, so glaubt oder befürchtet er, dass das Gute, das er sich wünscht und für sich selbst behalten will, einem anderen zukommen könnte. Die meisten von uns können die eifersüchtige Regung in Schach halten. Wenn wir sie wahrnehmen und bewusst empfinden, richtet sie normalerweise keinen* *großen Schaden an ... Eifersucht ... bringt die zusätzliche Gefahr einer Zwangsneurose (durch die Abwehr) oder sogar einer Geisteskrankheit (ein Wahn als Grundlage des Handelns), von Besessenheit (wenn sie den Betroffenen überwältigt), von daraus resultierenden Gewalttätigkeiten und Sadismus mit sich. Aus diesem Grund ist die Eifersucht von vielen immer schon als die tödlichste aller Sünden betrachtet worden, und deshalb wird sie auch von sogenannten primitiven Völkern so gefürchtet."* (a.a.O., S. 117 ff)

Liebe, die zurückgewiesen, verspottet, verschmäht, herabgesetzt, missgönnt oder einfach entzogen wird, erweckt Eifersucht, so die Ansicht von Freud.

Das Grundthema in der biblischen Geschichte von Josef und seinen Brüdern ist Eifersucht.

Was ist nun die Heilung der Eifersucht?
Es ist die Liebe!

Im Übrigen: Die Liebe deckt alle Sünden zu.

Völlerei

Völlerei ist die Todsünde des übermäßigen Essens und Trinkens. Es handelt sich dabei um eine Gier, ein heftiges, übermäßiges Verlangen nach Nahrung, obwohl keine Mangelsituation bezüglich Lebensmittel besteht. Man kann gierig essen aus echtem, brennendem Hunger heraus.

Beim „sündhaften" Essen geht es einerseits um eine aus dem Überfluss geborene Schlemmerhaltung und andererseits um eine Gier, die einen inneren, psychischen Hunger ersetzen soll. Esssucht und Alkoholismus sind typische Beispiele. Es ist kein eigentlicher Hunger, mehr ein Verlangen, über das sich diese Menschen nicht klar sind.

Verallgemeinert bedeutet Hunger irgendein starkes Bedürfnis – welches Bedürfnis bei dem einzelnen Menschen angesprochen ist, wäre Gegenstand seiner Selbsterkenntnis. Hunger nach Anerkennung, Hunger nach Liebe, Hunger nach dem nicht gelebten spirituellen Leben?

Psychologisch gesehen erfolgt durch die Fähigkeit, den Appetit zu kontrollieren, eine Ich-Stärkung, während die Befriedigung des Hungers ein Gefühl von Existenzsicherheit und Geborgenheit vermittelt.

Beim Hunger können wir Folgendes wahrnehmen, nämlich, dass der ursprüngliche Wunsch, das Unbehagen des Hungers zu beseitigen, sich verlagern kann. Dann gilt das Verlangen nicht länger der Befriedigung des heftigen Bedürfnisses, sondern dem Vergnügen, das die befriedigende Handlung als solche verursacht, wie wir das auch bei der Begierde sehen.

Bereits Rousseau wusste um die Gefahr, die für die Seele besteht, wenn das Essen zum Lebensmittelpunkt wird: *„Die Seele des Feinschmeckers ist mit seinem Gaumen* *identisch, die Schöpfung hat ihn zum Essen bestimmt."*

Das vermeintliche äußere Objekt der Begierde ist nicht das im tiefsten Inneren Gesuchte. Wie bei der Habsucht und dem Geiz ist ein innerer Wert gemeint. Es hat seine Gründe, wenn jemand das Essen als „falsches Objekt" wählt: Manchmal nährt er sich damit, wie ihn die Mutter hätte nähren sollen.

Wie jedes Übermaß trennt auch die Völlerei von Gott, psychologisch gesprochen von der Beziehung zum Unbewussten. Wem ausschließlich die völlig unmäßige Befriedigung seiner leiblichen Bedürfnisse wichtig ist, der hat in seinen neuronalen Netzwerken des Gehirnes hauptsächlich Essen gespeichert: Wann gibt es Essen, wo gibt es Essen und welches Essen gibt es?

Häufig kommen dann noch Figurprobleme dazu und so sind Esssüchtige vor allem mit Problemen es Essens und mit Diätprogrammen beschäftigt. Da die meisten Menschen ja auch noch einen Beruf haben,

wobei ich den Beruf einer Hausfrau dazu-
zähle, bleibt dann kaum noch Kapazität frei
für Gott.

Die meisten Süchte enthüllen tief verbor-
gene spirituelle Probleme und die Voraussetzung für eine Heilung ist eine spirituelle
Bekehrung.

Mir gefällt der Psalm 63 sehr und dort der
Vers:

*Wie an Fett und Mark wird satt meine Seele
mit jubelnden Lippen soll mein Mund dich
preisen.*

Beten wir darum, dass der Herr uns sättige ...

Einer anderen Dunkelheit möchte ich mich
nun zuwenden, damit es auch dort heller
wird.

Stolz – Superbia – Überheblichkeit

Viele Menschen denken bei Stolz eher an eine positive Eigenschaft. Das verletzt meinen Stolz, sagen manche, ich bin stolz auf das, was ich geleistet habe, ich bin stolz auf mein Kind, auf meine Frau, auf meinen Mann. Ist das wirklich der Stolz, der so gefährlich werden kann, dass er Todsünde genannt wird? Nein, das ist meist die Freude über geglückte Kinder oder eine geglückte Partnerschaft, Freude über die Gnade des Herrn.

Lateinisch heißt es Superbia, die Überheblichkeit, und der sognannte Stolz wäre besser mit Überheblichkeit zu übersetzen, das Wort Stolz ist im Deutschen eben zweideutig.

Wer von uns kann mit Sicherheit sagen, dass er oder sie noch nie überheblich war?

Am besten merken Sie das, wenn jemand einen anderen herabsetzt oder kritisiert, etwas Negatives über jemanden spricht. Wenn ich über jemanden sage: „Der ist aber dumm", dann beinhaltet das, dass ich ach so gescheit bin, dann habe ich mich über diesen anderen erhoben, ich war überheblich – das ist eine Verfehlung gegen die Nächstenliebe.

Ja, ich darf mich als klug einschätzen, aber dann soll ich mich gefälligst bedanken beim Herrn für seine Gabe, und wenn ich das tue, dann werde ich über vieles, was mir nicht passt, anders denken können und andere nicht herabzusetzen brauchen.

Wir können auf vieles durchaus positiv stolz sein: Eine gute Köchin ist stolz auf ihr vorzügliches Essen, das sie gekocht hat, eine gute Hausfrau ist stolz auf ihren gepflegten Haushalt, ein eifriger Gärtner auf seine Blumenpracht, ein Sportler auf seine Pokale, ein Beamter auf seine Orden, ein Priester auf seinen tadellosen Lebenswandel.

Es stärkt unser Selbstwertgefühl in positiver Weise, wenn wir auf Grund unserer Umsicht, Disziplin und unserem Können Freude und Befriedigung empfinden. Der Ausdruck „stolz sein" weist allerdings bereits auf die Gefahren eines Übermaßes an Selbstbewusstsein hin und wer sich dessen bewusst ist, das heißt, mit der nötigen Selbsterkenntnis vertraut, wird versuchen, das richtige Maß zu finden.

Manchmal kann es schwierig sein zwischen angemessenem Stolz und arrogantem Stolz zu unterscheiden. Die beste Unterscheidung bietet wohl das sich Besinnen auf die Überheblichkeit. Bin ich nur stolz und voll Freude und Begeisterung über das Gelingen meines Vorhabens oder überhebe ich mich gleichzeitig über all „die Massenmenschen, die Nichtstuer und Nichtsnutzigen... "?

Der selbstsüchtige Stolz und die übermäßige Selbstliebe werden in der Umgangssprache mit mehreren verwandten Eigenschaften in Verbindung gebracht, insbesondere mit Egoismus, Selbstgefälligkeit, Eitelkeit und Arroganz.

„Ein unbewusstes übermäßiges Selbstbewusstsein oder eine übertriebene Meinung von sich selbst können wir am leichtesten an Gewohnheiten wahrnehmen, die für andere Menschen so auffallend sind: Eine Frau betrachtet und bewundert sich fortwährend, aber verstohlen im Spiegel; ein unauffälliger Mann nimmt wiederholt einen Kamm aus der Innentasche seines Anzugs und fährt sich durchs Haar. " (Anne Maguire, Die dunklen Begleiter der Seele, Walter 1996, S. 26)

Zorn – Ira

Der Teufel ist böse, er ist ein gefallener Engel!

Wieso ist der Teufel böse? Weil er sich beim Fallen weh getan hat !!

Mörderisch zornig sind wir nach einer Demütigung.

Auch hier gilt natürlich: Ich muss mir meines Zornes bewusst sein, damit ich ihn nicht ausagiere, das heißt, damit ich durch meinen Zorn niemand verletze.

Wenn ich aber koche vor Wut, was dann? Hier, bei plötzlichem Zorn, bewährt sich Ablenkung durch Aktivität, Kreativität und Entspannung und natürlich Gebet. Aber beten wird vielleicht in der kochenden Wut schwer möglich sein, daher gilt es, sich zuerst körperlich von dieser enormen Spannung, die Wut erzeugt, zu befreien: durch Aktivität. Früher hat man Holzhacken empfohlen, doch Fensterputzen, Boden-aufwaschen, Laufen, Liegestütze, Fitness-studio sind auch bewährte Methoden.

Der Anlass des Zornes bleibt trotz Spannungsabbau, und jeder Gedanke daran kann neuerlich Zorn auslösen. Daher ist es wichtig, dass wir, wenn wir etwas klarer denken können, uns überlegen, woher er kommt und wie wir ihn endgültig loswerden.

Frankl empfiehlt, ich zitiere es immer wieder gerne: *„Wenn man seine Situation nicht ändern kann oder nicht ändern will, eines kann man immer ändern – und das ist die Einstellung zur Situation!"* Wohlgemerkt, das hat Frankl im KZ selbst ausprobiert und so überlebt, wie er schreibt.

Aber auch das ist nicht immer leicht, wenn mein Zorn aus echtem Unrecht, das mir angetan wurde, entspringt.

Auf Dauer hilft nur VERGEBUNG.

Trägheit

Die Sünde der Trägheit (acedia) ist nach Maguire *„die Unfähigkeit, sich nach innen*

zu wenden, die negativen Gedanken und destruktiven Gefühle zu prüfen und die Bereiche zu untersuchen, aus denen sie emporsteigen. Die Selbsterkenntnis, die man aus innerer Arbeit gewinnt, ist denn auch das Mittel zur Bekämpfung des Übels. " (Anne Maguire, Die dunklen Begleiter der Seele, Walter 1996, S. 178 f.)

Der Träge anerkennt den Wert der Gaben Gottes nicht. Auch verachtet er die Arbeit, die Gott ihm aufgegeben hat. Trägheit entwertet auch uns selbst. In Sätzen wie „Ich kann dies nicht", „Ich bin nicht gut genug", „Ich habe nicht lange genug studiert" oder „Ich bin nicht intelligent genug" zeigt sich die Gegenwart des Schattens, unseres wahren Antagonisten.

Die Botschaft ist klar und deutlich: Wir verachten uns zum Teil selbst oder lehnen uns sogar total ab. Das Wort acedia ist zwar verschwunden, doch die Sünde der Trägheit besteht auch heute noch.

Die Todsünden sind in einem weiten Bereich „Alltagssünden", sie sind es aber auch, die den Tod der Seele bewirken können. *„Wir müssen uns der Gefahr bewusst werden, die uns droht, wenn wir unsere Seele und den Kontakt mit dem Selbst, dem Bild Gottes in uns, verlieren."* (a.a.O, S. 178 ff.)

„Der Dämon der acedia ist für die alten Mönche der gefährlichste. Er enthält in sich fast alle Anfechtungen und Gedanken. Während die anderen Dämonen nur einen Teil der Seele berühren, besetzt der Mittagsdämon die ganze Seele. Er erstickt den Verstand. Er raubt der Seele jede Spannkraft. Man hat zu nichts mehr Lust." (Anselm Grün, Der Umgang mit dem Bösen, Vier-Türme-Verlag 1979)

Anselm Grün beschreibt, wie die Trägheit uns dazu verführt, uns etwas einzureden: *„Das Laster der acedia äußert sich in Einreden wie: 'Das bringt mir nichts, ich habe keine Lust dazu (null Bock auf nichts), es ist ja alles sinnlos. Wozu soll ich mich anstrengen, mich engagieren.' Solche Sätze rauben einem alle innere Kraft und lähmen. Evagrius nennt als Gedanken und Einreden, die uns in die Lustlosigkeit treiben, die Unzufriedenheit mit der Arbeit und das*

Suchen nach interessanteren und weniger anstrengenden Arbeiten. " (Anselm Grün, Einreden, Vier-Türme-Verlag 1983)

Aus der Trägheit entstehen auch Krankheiten des Körpers. Wer sich zu wenig bewegt, wird leichter übergewichtig, leidet eher an Blutdruckproblemen, bekommt leichter schmerzende Gelenke und WBS-Beschwerden und wird im Alter früher „altersschwach".

Der Weg ins Licht

Nun habe ich wohl genug über die Dunkelheiten gesprochen, über Dunkelheiten, die in jeder Psychotherapie immer wieder Themen sind, wichtig sind, damit wir zum Licht finden können.

Es gibt aber noch einen anderen sympathischeren Weg.

Nach der Großen Hl. Theresia ist die Selbsterkenntnis so wichtig (siehe hierzu das Kapitel „Das Licht der Selbsterkenntnis").

Ich möchte in diesem Zusammenhang eine ganz moderne Heilige, also für mich ist sie eine Heilige, nämlich die Ärztin und großartige Frau Ruth Pfau (1929-2017) zitieren, sie ist der Meinung: *„Es ist immer leichter, Gutes zu stärken, als Böses zu ändern. Und einmal überwächst das Gute dann vielleicht sogar das Böse – ein Ergebnis, das man, wenn man es direkt intendiert, nur schwer erreichen kann."* (Ruth Pfau, Das letzte Wort wird Liebe sein, S. 112)

Auch C.G. Jung spricht schon vom Überwachsen psychischer Fehlhaltungen, ebenso die Jungianerin Verena Kast.

Frauen wie Ruth Pfau, Mutter Theresa und viele andere Heilige sind Licht und sie geben uns Mut, das Gute zu stärken, damit es das Böse überwachsen kann, und auch wir Licht sein können.

Das innere Licht erkennen und pflegen: Praktische Übungen für Ihre Seele

Unser inneres Licht ist die Quelle unserer Stärke, Freude und Liebe. Jenes strahlende Zentrum in uns, das uns durch die dunkelsten Zeiten führt. Doch oft verlieren wir den Kontakt zu diesem Licht, weil es von Sorgen, Stress und Alltagsproblemen verdeckt wird.

Um dieses innere Licht wieder zu erkennen und es bewusst zu pflegen, kann es hilfreich sein, sich selbst zu reflektieren. Dee folgenden Fragen sollen Ihnen dabei helfen, in sich hineinzuhorchen, Ihr Licht zu finden und es heller leuchten zu lassen.

Nehmen Sie sich für jede Frage Zeit und beantworten Sie sie ehrlich und ohne Druck. Es gibt keine richtigen oder falschen Antworten, sondern nur Ihren ganz persönlichen Weg zu mehr Klarheit und innerer Strahlkraft.

1. Wann fühle ich mich am meisten mit meinem inneren Licht verbunden?

Denken Sie an eine Zeit, in der Sie sich kraftvoll, ruhig und voller Freude gefühlt haben. Was hat diese Verbindung gestärkt? Welche Situationen oder Tätigkeiten haben dieses Gefühl in Ihnen ausgelöst?

Meine Gedanken dazu:

....

....

....

....

....

....

....

....

....

....

....

....

....

....

....

....

....

....

....

....

....

....

....

....

2. Welche Aktivitäten nähren mein inneres Licht?

Welche Hobbys, kreativen Projekte oder täglichen Rituale lassen Sie sich lebendig fühlen? Gibt es eine besondere Aktivität, bei der Sie spüren, wie Ihre Seele aufleuchtet?

Meine Gedanken dazu:

....

....

....

....

....

....

....

....

....

....

....

....

....

....

....

....

....

....

....

....

....

....

....

....

3. Was verdunkelt mein inneres Licht?

Gibt es Menschen, Situationen oder Gedanken, die Ihnen Energie rauben und Sie von Ihrer inneren Ruhe und Freude trennen? Erkennen Sie Muster, die Sie regelmäßig aus Ihrer Mitte bringen? Wie könnten Sie dem entgegenwirken?

Meine Gedanken dazu:

....

....

....

....

....

....

....

....

....

4. Wie gehe ich mit Momenten um, in denen mein inneres Licht schwächer wird?

Es gibt Tage, an denen wir uns müde, erschöpft oder entmutigt fühlen. Wie reagieren Sie auf solche Momente? Was tun Sie, um sich wieder aufzurichten und Ihr inneres Licht neu zu entfachen?

Meine Gedanken dazu:

....

....

....

....

....

....

....

....

5. Welche kleinen Dinge im Alltag erinnern mich daran, dass mein Licht immer da ist?

Achten Sie im Alltag auf die kleinen, stillen Momente, die Ihnen ein Gefühl der Verbundenheit schenken. Vielleicht ist es ein Sonnenstrahl am Morgen, ein Lächeln, ein warmes Getränk oder ein Moment der Ruhe. Was sind diese „Licht-Momente" für Sie?

Meine Gedanken dazu:

....

....

....

....

....

....

....

....

136

....

....

....

....

....

....

....

....

....

....

....

....

....

....

....

138

Heilung durch Vergebung

Zurück zum Bösen im Menschen, zu unserem Schatten.

Anselm Grün beschreibt in seinem Buch „Der Umgang mit dem Bösen" in seiner gewohnt behutsamen aufbauenden Art diese Todsünden als Dämonen. Im Buch „Einreden" bezeichnet er sie als Laster. Wir sehen: Das Böse hat allein schon als Begriff viele Namen.

Ich möchte kurz eingehen auf diese verschiedenen „Einreden", in der Transaktionsanalyse sprechen wir auch von Einschärfungen, elterlichen Leitsprüchen. In anderen psychologischen Richtungen wird auch von inneren Tonbändern, Hexensprüchen etc. gesprochen.

Nun, wir führen immer einen inneren Dialog, auch Selbstgespräch genannt, falls wir es nicht nur in Gedanken durchführen, sondern tatsächlich laut sprechen.

Achten Sie einmal darauf, wenn Sie zornig sind. Grün schreibt: „*Das Laster des Zornes zeigt sich in ständigen Selbstgesprächen, in denen wir innerlich über den andern schimpfen, ihn schlecht machen, verurteilen, seine Äußerungen uns gegenüber auf die Schwachstellen hin untersuchen und ihn dann in unseren Gedanken fertigmachen, bloßstellen, der Lächerlichkeit preisgeben."* (Anselm Grün, Einreden, Vier-Türme-Verlag 1983, S. 22)

Damit geben wir aber dem Ärger und der Bitterkeit in uns Raum und je länger das dauert, umso mehr schaden wir uns selbst, Grün schreibt, dass uns diese ständigen Einreden innerlich zerfressen, verbittert, griesgrämig und aggressiv machen. Dadurch wird unsere Stimmung immer negativer.

Was ist das Heilmittel?

Nun, es gibt einiges. Beim akuten Zorn: Aktivität, Kreativität und Entspannung. Beim chronischen Zorn: vergeben, verzeihen.

Wir Christen haben es hier sicher leichter als die, die keine Hoffnung haben. Wir

140

beten ja bei jedem Vaterunser: *„... wie auch wir vergeben unseren Schuldigern"*

Verzeihen ist eine der wichtigsten Forderungen fast sämtlicher Religionen – aber wie wir sehen, offensichtlich so schwer, dass es die wenigsten wirklich können, sonst gäbe es keine Kriege. Der Verzicht auf Vergeltung, den Jesus gepredigt hat, wird leider wenig praktiziert.

Wir praktizierenden Christen sollen bewusst diesen Verzicht auf Vergeltung leben. Was nicht heißt, dass wir uns alles gefallen lassen müssen.

„Zorn und Groll sind wichtige Signalgefühle. Den Hass, der in uns aufsteigt, sollten wir nicht ignorieren. Es ist riskant, solche negativen Gefühle sofort zu unterdrücken oder zu verleugnen. Sie regen sich, wenn uns jemand in die Quere kommt, unsere Pläne durchkreuzt, unsere Wünsche missachtet oder uns Schaden zufügt." (Psychologie heute, Aug. 2002, S. 22)

Clarissa Estés betont, dass jede Emotion von Bedeutung ist: *„Auch die rohesten und* *negativsten Emotionen können als eine Form von Licht verstanden werden. Sie sind im Grunde nichts anderes als pure Energie, die aufwallt, dann von uns interpretiert und nach Belieben eingesetzt wird.*

Die Energie des Zorns kann positiv eingesetzt werden, wenn sie wie ein Lichtstrahl auf etwas gerichtet wird, das man ansonsten nicht erkennen kann. Bei einer destruktiven Benutzung derselben Energie wird der Lichtstrahl mit zersetzenden Gedanken vermischt und so lange auf eine winzige Stelle in der Psyche konzentriert, dass ein Brandfleck mit schwärenden Blasen entsteht, wie bei einem Magengeschwür.

Alle Emotionen enthalten wissenswerte Informationen, selbst die Wut, die man für eine Zeitlang tatsächlich als Lehrer betrachten kann. So gesehen, wollen wir diese 'erleuchtende' Informationsquelle gar nicht so schnell loswerden, sondern ihr lieber einen persönlichen Namen geben und sie kennenlernen.

Manche Leute behaupten, sie würden von ihrer chronischen Wut zu kreativen Leistungen beflügelt, aber es ist erwiesen, dass Wut ein sehr einseitiger und eintöniger Inspirator ist. Die Wut reduziert den Zugang zum kollektiven Unbewussten – jenem unerschöpflichen Reservoir von Bildern und Ideen – auf ein kleines, enges Guckloch, was dazu führt, dass man immer wieder dasselbe kreiert, weil nichts Neues erkannt werden kann.

Untransformierter Zorn kann zu einer eintönigen 'Ach-wie-schrecklich-dumm-und-grauenhaft-Litanei' ausarten, weil ständig in die gleiche Kerbe gehauen wird.

Wir wissen, dass traumatische Verletzungen körperlicher Art so schnell wie möglich in der Intensivstation behandelt werden müssen, um den Zusammenbruch weiterer, bisher noch unbeteiligter Organe und Systeme zu verhindern. Je eher die Wunden verarztet werden, desto rascher erholt sich der Patient. Das gleiche gilt für psychologische Erschütterungen." (Clarissa Pinkola Estés, Die Wolfsfrau, Heyne 1997, S. 424 ff)

Estés befasst sich mit dem Zorn als Neben-produkt eines Traumas und fordert, mit dem Zorn auf konkrete Weise umzugehen, also nach den Gründen zu forschen und nach Möglichkeiten zu suchen, ihn zu besänf-tigen. Tun wir dies nicht, kann es sein, dass wir diesen Zorn für den Rest unseres Lebens in einen versiegelten Raum voller schwä-render Rachegedanken sperren. So aber kann man nicht leben.

Es gibt ein Leben jenseits der gedanken-losen Wut, wenn man ganz bewusst alles daransetzt, sie zu heilen.

Der Neurobiologe Gerald Hüther stellt fest, dass es überall auch Menschen gibt, die sich selbstzerstörerisch, rücksichtslos, egois-tisch, narzißtisch, gleichgültig, berechnend, streitsüchtig, wichtigtuerisch und verant-wortungslos verhalten und damit immensen Schaden anrichten.

„Fragt man diese Zeitgenossen, warum sie sich an der Arbeit, zu Hause und im Zu-sammenleben mit anderen Menschen so destruktiv und selbstsüchtig verhalten, so stellt man meist fest, dass sie es auch nicht

144

wissen. Sie haben eben das Gefühl, dass sie sich so und nicht anders verhalten müssen und dass das, was sie tun und denken, für sie schon irgendwie richtig ist. Es ist also nichts weiter als ein Gefühl." (Gerald Hüther, Bedienungsanleitung für ein menschliches Gehirn, Vandenhoeck & Ruprecht 2016, S. 13)

Hüther ist der Ansicht, dass man Gewohnheiten in Bezug auf Gefühle, Einstellungen und Verhaltensweisen verändern kann. Das Gehirn ist ein Geschenk, das man einmal bekommen hat, es lebt und entwickelt sich weiter. Und wie alles, was man geschenkt bekommt, bedarf es besonderer Beachtung und sorgfältiger Pflege – so wie jede Beziehung zu einem anderen Menschen, zu einem Kind, zu Tieren, ja, auch Ihr Garten. *„Oder sind Sie bisher davon ausgegangen, dass man sich um etwas, das man nicht für teures Geld erworben hat, sondern einfach schon immer besitzt, nicht weiter zu kümmern braucht?*" (a.a.O., S. 7 f)

Betrachten wir einmal unseren ganzen Besitz, der, je wohlhabender jemand ist, umso größer ist. Der kostbarste Besitz, und diesen Besitz haben alle Menschen, ist unser Gehirn. *„Und das benutzen Sie häufiger, als Sie denken – jedenfalls viel häufiger als all diese Apparate und Maschinen –, um sich im Leben zurechtzufinden und um sich wenigstens hin und wieder eine kleine Freude zu verschaffen. Aber in eine Bedienungsanleitung für Ihr Hirn haben Sie bisher noch nie hineingeschaut. Weshalb eigentlich nicht? "* (a.a.O., S. 17)

Die Struktur und damit auch die Funktion unseres Gehirns hängt ganz entscheidend davon ab, wie wir es benutzen. Daher ist eine der wichtigsten Fragen: Wie sollten wir es benutzen, damit die in unserem Gehirn angelegten Möglichkeiten auch wirklich sinnvoll entfaltet werden können?

Wo bin ich schuldig – nicht nur gegenüber meiner Vergangenheit, sondern auch gegenüber meinen eigenen Möglichkeiten?

Das einseitige Licht der Ich-Bewusstheit unterstellt, dass Dunkelheit Vernachlässigung bedeutet. Und es sind die vernachlässigten Elemente, die im Schatten erscheinen. Wo das Ich seine eigenen Stärken und Gaben vernachlässigt hat, da werden diese in Traumfiguren verkörpert, die zu sozial Ausgestoßenen wurden – das heißt, ausgestoßen durch die festgelegten Gesetze, nach denen wir unsere innere Gesellschaft errichtet haben.

Dann müssen diese Möglichkeiten als Ausgestoßene, als Schädlinge, als Krüppel und sogar als Wahnsinnige erscheinen. Sie zu heilen, die Blinden und Aussätzigen, die Toten zu erwecken, wird zur inneren Notwendigkeit, um die Persönlichkeit gesunden zu lassen.

Hasserfüllte Gedanken und die vielen „kleinen Morde" in der Fantasie sind nichts Ungewöhnliches. Es ist wichtig zu erkennen: „Ich wäre vielleicht fähig dazu! – Aber ich tu's nicht. Ich verzeihe mir diese Fantasien und lerne daraus."

„Wenn uns jemand unrecht tut oder uns kränkt, läuft in uns ein psychisches Reaktionsprogramm ab, das sehr stark von unseren Bindungserfahrungen bestimmt ist. Jede Kränkung oder Benachteiligung, jeder Treuebruch, jede Gleichgültigkeit, die wir als Erwachsene erfahren, wirkt wie ein

Auslöser, der uns in frühere Beschämungen, Verluste oder Herabsetzungen zurückkatapultiert.

Kaum jemand ist frei von solchen Erfahrungen. Wir schleppen seit der Kindheit eine Geschichte mit uns herum, in der wir oft genug das Opfer waren und vernachlässigt, verraten, verkannt wurden. Diese Geschichte ist das charakterologische Raster für den Umgang mit neuen Kränkungen." (Psychologie heute, Aug. 2002, S. 22)

Bei den meisten kreist das Denken und Fühlen immer und immer wieder um den Anlass und um den Täter, man kann sich nicht davon lösen. Das bindet Unmengen seelischer Energie und hindert uns am Wachsen und Weiterleben.

Die Heilung ist das Verzeihen. Verzeihenkönnen setzt aber eine gut entwickelte Selbstliebe voraus: Nur wenn wir uns selbst mit allen Schwächen und Fehlern akzeptieren, entwickeln wir auch ein tieferes Verständnis für andere und werden nachsichtiger gegenüber deren Fehlern. Wir sind dann in der Lage, andere so zu akzeptieren, wie sie sind.

Wer völlig unangemessen auf jeden Verrat auf jede Kritik, auf jede Kränkung reagiert, sollte sich fragen, wie fragil sein Selbstwertgefühl ist.

Wenn wir daran arbeiten, eine Kränkung zu verzeihen, bringt es uns weiter, wenn wir die seelischen Kosten des Ressentiments und des Grolls abwägen gegen die kleine Mühe, die es uns kostet, eine Versöhnung einzuleiten.

Der Schritt zur Versöhnung bedeutet:

1. Wir verschaffen uns wieder Seelenruhe.
2. Wir retten Beziehungen, die noch zu retten sind, oder wir beenden unrettbare Beziehungen auf eine Weise, die uns nicht länger quält und uns nachhängt.
3. Wir geben unsere Opferrolle auf und werden wieder voll handlungsfähig, können uns neuen Lebensaufgaben zuwenden.

Vergeben- und Vergessenkönnen braucht seine Zeit. Wut und Vorwürfe, auch der Wunsch nach Vergeltung und Wiedergutmachung gehen dem Prozess des Verzeihens fast immer voraus: Verzeihen bedeutet keineswegs, eine kritische Haltung gegenüber einem Verletzer aufzugeben – aber sie artet eben nicht in Verdammung und Dämonisierung aus.

Verzeihen ist nicht nur Gefühlssache. Versöhnungsbereitschaft entsteht, wenn wir einen Konflikt intellektuell bearbeiten können und uns mit den Wurzeln der eigenen Reaktionsmuster auseinandersetzen.

Vergeben ist möglich, wenn wir uns aus der Idealisierungs-/Dämonisierungsfalle befreien und sagen können: „Der Mensch, den ich liebe, kann eine fürchterliche Nervensäge sein. Aber ich liebe ihn trotzdem."

Oder: „Dieser Freund, Nachbar, Kollege hat sich zwar unmöglich benommen. Aber ich erkenne auch seine guten Seiten und will die Beziehung aufrechterhalten."

Oder: „Ich weiß nicht, ob ich jemals verzeihen kann, was mir dieser Mensch angetan hat. Aber ich will mich mit ihm nicht länger beschäftigen – ich versuche, die Sache als erledigt abzuhaken und gehe ihm aus dem Weg."

Vergebenkönnen ist keine Selbstaufgabe – im Gegenteil: Selbstbehauptung ist die Kunst, seinen berechtigten Protest und seine negativen Gefühle wie Zorn und Ärger angemessen ausdrücken zu können. Es ist Ausdruck seelischer Reife und der Einsicht: Wir sind alle nicht perfekt. Menschen machen Fehler, und wenn wir trotzdem weiter mit ihnen zusammenleben wollen, müssen wir uns und ihnen die Gnade des Neuanfangs gewähren, indem wir verzeihen. Nicht sofort, nicht jedem Menschen, nicht alle Fehler. Es ist häufig nicht möglich sofort zu verzeihen, aber die grundsätzliche Bereitschaft dazu macht das Leben für alle erträglicher, friedfertiger. (Vgl. Psychologie heute, August 2002, S. 24 ff)

„Die Heilung des Schattens ist einerseits ein moralisches Problem, das heißt, sie

fordert die Erkenntnis dessen, was wir ver-
drängt haben, wie wir unsere Verdrängun-
gen bewerkstelligen, wie wir rationalisieren
und uns selbst betrügen, welche Ziele wir
verfolgen, und was wir im Namen dieser
Ziele verletzt, ja verstümmelt haben.

Andererseits ist die Heilung des Schattens
ein Problem der Liebe. Wie weit kann
unsere Liebe sich zu den zerbrochenen und
zerstörten Teilen, den abstoßenden und
perversen erstrecken? Wie viel Hilfsbereit-
schaft und Mitleid haben wir gegenüber
unserer Schwäche und Krankheit? Wie weit
können wir auf dem Prinzip der Liebe eine
innere Gesellschaft errichten, die für jeden
Platz hat? Ich verwende den Ausdruck
'Heilung des Schattens', um die Wichtigkeit
der Liebe zu betonen...

Sich selbst zu lieben, ist keine leichte Sache,
gerade weil es bedeutet, dass wir alles an
uns zu lieben haben, einschließlich des
Schattens, wo man minderwertig ist und
gesellschaftlich so unannehmbar. Die Für-
sorge, die man diesem demütigenden Teil
zuwendet, ist zugleich die Heilung. Mehr
noch: Wie die Heilung von der Fürsorge

abhängt, so bedeutet Fürsorge manchmal nichts anderes als tragen." (James Hillman, Die Suche nach Innen, Daimon 2015, S. 83 f)

Vergebung im Alltag: Praktische Übungen für Ihre Seele

Vergebung ist ein Prozess, der unsere Herzen heilt, und uns zurück in die Freiheit führt. Doch wie oft fällt es uns schwer, die Verletzungen des Alltags loszulassen, selbst wenn wir wissen, dass dies zu unserem eigenen Wohl ist?

Hier sind einige einfache, aber kraftvolle Übungen, die Ihnen helfen können, Vergebung mehr und mehr in Ihren Alltag zu integrieren. Schritt für Schritt, in kleinen Gesten und mit einer offenen Seele.

1. Dankbarkeit und Vergebung am Ende des Tages

Jeden Abend, bevor Sie zu Bett gehen, nehmen Sie sich einen Moment der Stille.

Schließen Sie die Augen und lassen Sie den Tag vor Ihrem inneren Auge Revue passieren. Dabei ist es sehr wichtig, dass Sie nicht nur die schwierigen Situationen betrachten, sondern auch alles, wofür Sie dankbar sein können.

Sagen Sie laut oder in Ihrem Herzen: „Heute war ein herausfordernder Tag, aber ich bin dankbar für die Kraft, die ich hatte, ihn zu überstehen." Danken Sie Gott für die guten Momente und die kleinen Lichtblicke.

Und wenn es Ihnen schwerfällt, auch nur einen einzigen zu finden, dann öffnen Sie die Augen, schauen Sie sich um, atmen Sie tief ein und sagen Sie: „Ich lebe und auch das ist ein Geschenk."

Meine Gedanken dazu:

....

....

....

....

....

....

....

....

....

....

....

....

....

....

....

....

....

....

....

....

....

....

....

2. Das Ritual des Loslassens

Manchmal sind es die kleinen Verletzungen des Tages, die sich in uns anstauen und uns am Ende schwer im Herzen liegen. Um diese Lasten nicht mit in den nächsten Tag zu nehmen, können Sie das Ritual des Loslassens einüben.

Schreiben Sie am Ende des Tages drei Dinge auf, die Sie verletzt haben oder die Sie ärgern. Falten Sie das Papier, legen Sie es in eine Schale und sagen Sie zu sich selbst: „Ich entscheide mich, loszulassen." Sehen Sie dabei bewusst zu, wie die Gedanken und Emotionen, die Sie auf das Papier gebracht haben, weniger wichtig werden, weil Sie sich bewusst von ihnen trennen.

Meine Gedanken dazu:

....

....

....

....

....

....

....

....

....

....

....

....

....

....

3. Vergebung üben in kleinen Schritten

Nicht jede Verletzung lässt sich sofort vergeben. Und das ist in Ordnung. Manchmal müssen wir den Weg zur Vergebung in Etappen gehen.

Beginnen Sie mit einem kleinen Schritt. Nehmen Sie sich eine Person oder Situation vor, bei der Sie spüren, dass Sie noch Groll hegen. Fragen Sie sich: „Kann ich heute einen ersten Schritt tun?"

Vielleicht können Sie der Person, die Sie verletzt hat, innerlich einen Segen schicken oder einen Gedanken des Mitgefühls. Stellen Sie sich vor, wie Sie dieser Person Frieden wünschen, auch wenn es Ihnen schwerfällt. Sie müssen nicht sofort die ganze Vergebung spüren. Aber schon dieser erste Schritt wird Ihr Herz öffnen und die Heilung beginnen lassen.

Meine Gedanken dazu:

....

....

....

....

....

....

....

....

....

....

....

....

....

....

4. Seien Sie „ein Licht" für andere

Vergebung bedeutet oft auch, das Gute in uns selbst zu erkennen und es an andere weiterzugeben.

Stellen Sie sich am Abend die Frage: „War ich heute für jemanden ein Licht? Habe ich jemandem geholfen, seine Last zu erleichtern, vielleicht nur durch ein freundliches Wort oder einen mitfühlenden Blick?"

Vergebung ist nicht nur ein innerer Prozess, sondern auch eine Tat der Liebe und des Mitgefühls. Wenn wir anderen Gutes tun, heilen wir oft auch unsere eigenen Wunden.

Meine Gedanken dazu:

....

....

....

....

....

....

....

....

....

....

....

....

....

....

5. Schreiben Sie einen Brief der Vergebung

Manchmal hilft es, unsere Gefühle schriftlich auszudrücken. Wenn Sie spüren, dass eine bestimmte Verletzung tief sitzt und Sie nicht loslässt, schreiben Sie einen Brief.

Dieser Brief ist nicht dazu da, abgeschickt zu werden. Er ist nur für Sie. Schreiben Sie darin alles, was Sie belastet, all den Schmerz, die Enttäuschung, aber auch den Wunsch nach Frieden und Heilung. Lassen Sie die Worte einfach fließen.

Am Ende des Briefes können Sie schreiben: „Ich entscheide mich, diesen Schmerz loszulassen." Dies ist ein Akt der Befreiung, auch wenn es nicht sofort spürbar ist. Ihr Herz wird mit der Zeit leichter werden.

Gedanken für meinen Brief der Vergebung:

....

....

....

....

....

....

....

....

....

....

....

....

....

....

Vergebung ist ein Geschenk, das wir uns selbst machen. Es befreit uns von den Ketten der Vergangenheit und öffnet uns für das Licht der Gegenwart.

Sie werden merken, wie Sie mit jeder dieser Übungen ein Stück freier und friedlicher werden. Nehmen Sie sich die Zeit dafür – und vor allem, seien Sie geduldig mit sich selbst. Vergebung braucht Zeit, aber sie lohnt sich immer.

Christus, das Licht – unser Licht

Christus, das Licht: *„Sein Licht vertreibe das Dunkel der Herzen"* heißt es in der Osterliturgie.

Und noch vorher:
Dies ist die Nacht, von der geschrieben steht: (Ps. 139, 12 u. 11):
Die Nacht wird hell wie der Tag,
wie strahlendes Licht wird die Nacht mich umgeben.

Vorher noch kommt es immer wieder refrainartig zur Wiederholung der Worte:
„Dies ist die Nacht!"

Wer sich erfassen lassen kann von diesem Gesang – achten Sie in der Osternacht besonders darauf –, dann spüren Sie vielleicht auch die eigene innere Nacht angesprochen, die eigenen Dunkelheiten, wo der Weg kommenden Lebens bisher nicht zu sehen war, die Unsicherheiten, den Zweifel, die Angst, die Depression.

Eine depressive Patientin berichtete mir einmal in der Woche nach Ostern, welche

Faszination für sie von diesem Gesang ausgegangen war und dass dies schon tagelang
anhielt. Sie wisse nun mit Sicherheit, dass
ihre Depression bald zu Ende sei. Sie sehe
zwar noch kein Licht, aber sie wisse bereits
um das Licht.

Auch komme ihr ein Gedicht immer wieder
in den Sinn, das auf einer Kerze stand, die
sie von ihrer Taufpatin als Kind erhalten
hatte, Sie kennen das Gedicht vielleicht:

Immer, wenn Du meinst, es geht nicht mehr,
kommt von irgendwo ein Lichtlein her,
dass Du es wieder einmal zwingst
und Sonnenschein und Freude singst.
Leichter wird Dir dann des Alltags Last,
Du wieder Freud und Mut und Glauben hast!

In der darauffolgenden Nacht hatte die
Patientin folgenden Traum:
„Ich gehe stundenlang durch dunkle, lange
Gänge. Es ist irgendwie schaurig, ich habe
das Gefühl, überall sind Spinnweben, doch
ich sehe sie nicht. Kaum bin ich am Ende
eines langen Ganges, mündet er in den
nächsten. Plötzlich stehe ich vor einem
großen Tor. Es ist noch immer dunkel. Da

höre ich hinter der verschlossenen Türe den Ostergesang, der mich kürzlich so beeindruckt hat. Etwas später öffnet sich zuerst die kleine Türe, die es in diesem großen Tor gab, von selbst, es ist plötzlich ganz hell, da bemerke ich, dass sich auch das große Tor geöffnet hat. Ich erwache voll Freude mit dem Ostergesang noch im Ohr. "

Tatsächlich war die Patientin ab diesem Traum von ihrer Depression frei.

Eine andere Fallgeschichte, die mich sehr an das Osterfeuer erinnerte, stammt von einem 45-jährigen Mann, der in einer Lebenskrise folgenden Traum hatte:

„Ich bin im Wald, es ist dunkel und irgendwie unheimlich, da sehe ich vor mir in der Ferne eine schwache Helligkeit. Immer wieder denke ich, jetzt müsste ich doch auf eine Lichtung kommen. Ich gehe tagelang, bin hungrig und durstig, zuletzt ganz schwach. Da endlich wird der Schein deutlicher, dann immer heller und plötzlich stehe ich vor einem großen Feuer. Während ich das Feuer ansehe, bemerke ich mitten im Feuer ein Kind. Ich denke, das muss ich unbedingt retten, da kommt das Kind selber

aus dem Feuer auf mich zu. Ich erwache voll Freude."

Herr K., der Träumer, meint dazu, der Wald erinnere ihn an seine jetzige Situation, er habe den Eindruck, er laufe ziel- und planlos im Dunklen herum, manchmal ein Schein, alles ermüde ihn, er sehe keinen Ausweg. Zum Feuer empfindet er sehr positiv, dort könne er sich wärmen, dann berichtet er von „dem Feuer", das einmal in ihm war, ihn belebt habe, wie er hungrig und durstig nach allem Neuen gewesen sei. Ob das wieder kommen könne?

„Wenn ihr nicht werdet wie die Kinder" fällt ihm als nächstes ein. Nein, er wolle nicht kindisch sein, aber so wissensdurstig, so neugierig und spontan möchte er wieder sein. Könnte man sagen, aus dem Feuer (des Geistes) hatte sich der Kindarchetypus konstelliert?

Zum Schluss noch ein Wort zur Auferstehung für alle, die sich innerlich traurig, trostlos und dunkel fühlen. Die Auferstehung ist nahe, die Auferstehung aus dem

Dunkel einer Depression oder ausweglos erscheinenden Situation.

Denken Sie daran: Wenn die Not am größten ist, ist Gottes Hilfe am nächsten. Unzählige Menschen haben das selbst schon erlebt.

So erlebte ich eine eindrucksvolle Auferstehung bei einem 35-jährigen schwerst depressiven Patienten. Eines Tages brachte er folgenden Traum:

„Es war ganz finster und ich tanzte mit dem Tod, er hielt mich fest in den Armen und wir tanzten eine längere Zeit. Mir ging es sehr schlecht, ich hatte große Angst, es war grauenvoll, ein Alptraum. Plötzlich schleuderte mich der Tod weit von sich weg und ich stand in der prallen Sonne. "

Nach diesem Traum war der Patient wie zu einem neuen Leben erwacht.

Spätestens in der Osternacht mögen auch Sie auferstehen, zu neuem Leben erwachen, möge es in Ihren Herzen ganz hell werden. Denken Sie daran beim Gesang des „Lumen christi" – Christus, das Licht – unser Licht, das wie ein Wachturm in der Finsternis leuchtet, damit uns Christus auf den richtigen Weg führt. Ein Licht aber auch, das uns erwärmt und durch das wir für andere ein Licht sein können.

Ich wünsche ihnen, dass Sie vom Licht Christi gestärkt werden und ihre Seele zum Leuchten kommt.

Tipps für den Umgang mit Dunkelheit, Finsternis und Depression

Jeder Mensch erlebt Phasen der Dunkelheit. Zeiten, in denen sich das Leben schwer, trostlos oder überwältigend anfühlt.

Depressionen und finstere Gedanken sind oft nicht einfach zu durchbrechen. Doch es gibt Wege, die helfen können, diese Phasen zu überstehen und wieder Licht in das eigene Leben zu lassen.

Hier sind einige praktische Tipps, die Ihnen helfen können, in Momenten der Dunkelheit Hoffnung zu finden und sich selbst zu stärken.

Tipp: Schreiben Sie ein Tagebuch oder erstellen Sie ein persönliches Erfolgs-Journal, um die eigenen Fortschritte festzuhalten. Darum sind auch bei den folgenden 15 Ratschlägen gegen Depressionen Leerzeilen angefügt, die Sie daran erinnern sollen, ihre eigenen Ziele, Wünsche, Vorhaben und Erfolge einzufügen. Viel Erfolg damit!

1. Kleine Schritte machen – Überwältigung vermeiden

In Zeiten der Depression oder emotionaler Dunkelheit fühlt sich alles oft überwältigend an. Es ist daher wichtig, nicht zu viel auf einmal von sich selbst zu verlangen.

Setzen Sie sich kleine, erreichbare Ziele für den Tag. Das kann etwas so Einfaches sein wie: „Heute werde ich mich anziehen und einen kurzen Spaziergang machen." Jeder kleine Schritt zählt, und mit der Zeit bauen sich diese kleinen Erfolge zu einem Gefühl der Selbstwirksamkeit auf.

Das Setzen kleiner, erreichbarer Tagesziele kann Ihnen helfen, ein Gefühl von Kontrolle und Erfolg zurückzugewinnen.

Solche Aufgaben können viel bewirken: Es sind tatsächlich scheinbar Kleinigkeiten, die helfen. Ob es darum geht, die Wäsche zu waschen, ein Buch zu lesen oder sich um eine Aufgabe im Job zu kümmern – jeder abgeschlossene Schritt trägt zu Ihrem Selbstwertgefühl bei.

Achten Sie darauf, realistische Ziele zu wählen und sich nicht zu viel auf einmal vorzunehmen. Auch der Prozess der Planung und das Erreichen dieser kleinen Ziele kann Ihre Stimmung heben und Ihnen einen klaren Überblick über den Tag geben. So verwandeln Sie den Tag in eine aktive Herausforderung und verringern das Gefühl der Hilflosigkeit.

Meine angestrebten Erfolge:

....

....

....

....

....

....

....

....

....

....

....

....

....

2. Alltag und Tagesstruktur schaffen

Klingt eigentlich komisch, denn gerade das wollen die meisten Menschen vermeiden. Für jemanden, der depressiv ist, kann eine durchgeplante Tagesstruktur helfen, die depressiven Symptome in Schach zu halten. Es ist eine Erweiterung des vorherigen Punktes der kleinen Schritte.

Jetzt geht es um regelmäßige kleine Schritte!

Damit bekommen Sie den Alltag wieder ein Stück weiter in den Griff. Auch Ihre Stimmung stabilisiert sich dabei meist maßgeblich. Selbst wenn Sie sich gelegentlich überwältigt fühlen, kann eine gewisse

Struktur im Tagesablauf dazu beitragen, Gefühle von Chaos und Überforderung zu reduzieren.

Depressive Zustände bringen oft das Gefühl mit sich, dass alles in einem grauen Nebel verschwimmt. Um diesem Gefühl entgegenzuwirken, ist es hilfreich, eine feste Tagesstruktur zu schaffen. Auch wenn es schwerfällt.

Versuchen Sie, jeden Tag zur gleichen Zeit aufzustehen, regelmäßige Mahlzeiten einzunehmen und sich kleine Aufgaben zu setzen. Beginnen Sie mit einfachen Ritualen, wie z. B. dem gleichen Frühstück jeden Morgen oder festen Zeiten für das Zubettgehen und Aufstehen.

Dies gibt Ihnen ein Gefühl der Kontrolle und hilft, depressive Symptome langfristig zu bekämpfen. Achten Sie jedoch darauf, die Routine flexibel zu gestalten und Raum für spontane Entscheidungen zu lassen. So vermeiden Sie zusätzlichen Druck und sorgen für eine ausgewogene Balance in Ihrem Leben.

Strukturen und Routinen geben Ihrem Tag einen Rhythmus und helfen Ihnen, sich nicht völlig von der Dunkelheit vereinnahmen zu lassen.

Meine angestrebten Erfolge:

....

....

....

....

....

....

....

....

....

....

....

3. Bewegung und frische Luft

Körperliche Bewegung kann als natürlicher Stimmungsaufheller wirken. Auch wenn es in Zeiten der Dunkelheit besonders schwerfällt, sich zu bewegen, kann regelmäßige körperliche Aktivität eine enorme Hilfe sein.

Wenn Sie regelmäßig aktiv sind, sei es durch Spaziergänge, Radfahren oder Sport, wird die Produktion von Endorphinen und Serotonin im Körper gefördert. Diese Botenstoffe sind für das Wohlbefinden verantwortlich und können helfen, depressive Symptome zu lindern.

Versuchen Sie, eine Form der Bewegung zu finden, die Ihnen Freude bereitet, und integrieren Sie sie in Ihren Alltag.

Es muss nicht gleich ein intensives Workout sein!

Ein Spaziergang in der Natur, ein paar Dehnübungen oder leichtes Yoga reichen oft schon aus, um eine spürbare Verbesserung der Stimmung zu erzielen. Besonders hilfreich ist es, sich dabei an der frischen Luft aufzuhalten. Die Verbindung mit der Natur kann beruhigend und erdend wirken.

Der Schlüssel liegt in der Regelmäßigkeit: Machen Sie Bewegung zu einem festen Bestandteil Ihres Lebens, um nachhaltig von ihren positiven Effekten profitieren zu können.

Meine angestrebten Erfolge:

....

....

....

....

....

....

....

....

....

....

....

....

....

4. Achtsamkeit für den Moment

Wenn die Dunkelheit überhandnimmt, neigen wir dazu, uns entweder in der Vergangenheit zu verlieren oder uns über die Zukunft zu sorgen. Achtsamkeit kann dabei helfen, sich wieder auf den gegenwärtigen Moment zu konzentrieren.

Achtsamkeit und Meditation sind wertvolle Werkzeuge, um mentale Klarheit zu gewinnen und den Stress abzubauen. Durch bewusste Atemübungen und geführte Meditationen können Sie lernen, im Hier und Jetzt zu leben und Ihre Gedanken und Gefühle ohne Urteil zu beobachten.

Viele Menschen finden in der regelmäßigen Praxis von Achtsamkeit einen Weg, um negative Gedankenspiralen zu durchbrechen.

Übungen wie das bewusste Atmen, das achtsame Wahrnehmen von Sinneseindrücken (z. B. das Hören der Vögel, das Fühlen der Sonne auf der Haut) oder das Beobachten der eigenen Gedanken, können helfen, wieder ins Hier und Jetzt zu kommen.

Stellen Sie sich vor, Sie geben Ihren Sorgen einen Raum, in dem Sie sie erforschen können, ohne von ihnen überwältigt zu werden. Setzen Sie täglich einige Minuten für diese Praktiken ein; es kann helfen, Ihre innere Ruhe wiederzufinden und den Teufelskreis negativer Gedanken zu durchbrechen.

Meine angestrebten Erfolge:

....

....

....

....

....

....

....

....

....

....

....

....

....

5. Soziale Kontakte und sich mit unterstützenden Menschen verbinden

Isolation ist ein typisches Merkmal der Depression. In solchen Momenten ist es wichtig, sich bewusst mit Menschen zu verbinden, die Ihnen guttun und Sie unterstützen können.

Auch wenn es schwer fällt, öffnen Sie sich gegenüber vertrauensvollen Menschen. Sei es durch ein kurzes Gespräch, eine Nachricht oder das Treffen mit einem Freund.

Es ist in Ordnung, Hilfe zu suchen und Schwäche zu zeigen. Andere Menschen können uns in Zeiten der Dunkelheit Licht und Hoffnung schenken.

Soziale Beziehungen sind entscheidend für unser emotionales Wohlbefinden.

Wenn Sie sich an einem Tiefpunkt befinden, kann es hilfreich sein, Zeit mit Freunden und/oder Familie zu verbringen. Soziale Unterstützung hilft, negative Gedanken zu durchbrechen und schafft ein Gefühl von Zugehörigkeit und Verbundenheit.

Es kann schwerfallen, aktiv auf andere zuzugehen, aber kleine Schritte können viel bewirken. Laden Sie einen Freund zu einem Kaffee ein oder machen Sie einen Spaziergang zusammen. Auch das einfache Teilen von Gefühlen kann entlastend wirken.

Suchen Sie nach Gelegenheiten, um sich auszutauschen und Unterstützung zu erfahren, denn oft sind andere bereit, zuzuhören, wenn Sie sich öffnen.

Meine angestrebten Erfolge:

....

....

....

....

....

....

....

....

....

....

....

....

....

6. Negative Gedanken hinterfragen

Negative Gedanken sind oft automatisiert und können in Zeiten von Stress oder depressiven Zuständen überhandnehmen. Es ist hilfreich, diese Gedanken bewusst zu hinterfragen: Sind sie wirklich wahr? Können Sie auch anders interpretiert werden?

Führen Sie ein Gedankenjournal und notieren Sie Ihre negativen Gedanken und mögliche Gegengedanken. Diese Praxis kann helfen, Ihre Selbstwahrnehmung zu verändern und Raum für positive Überzeugungen zu schaffen.

Es erfordert Übung, sich von alten Denkmustern zu lösen, aber mit der Zeit können Sie lernen, sich selbst in einem positiveren

Licht zu sehen. Der Prozess der kognitiven Umstrukturierung kann eine wirksame Technik sein, um die eigene Stimmung langfristig zu verbessern.

Es braucht Zeit, denn negative Gedanken sind hartnäckiger als positive Gefühle, die gerade in schlechten Zeiten sehr schnell aufflackern und dann wieder vom negativen Nebel unserer Psyche verdrängt werden. Meist aber sind diese 100% dunklen Gedanken nur zu 30% oder vielleicht sogar 0% real. In jedem Fall repräsentiert die Gedankenwelt während einer Depression in keinem Fall die Wahrheit.

Üben Sie sich darin, Ihre Gedanken zu hinterfragen. Schreiben Sie belastende Gedanken auf und fragen Sie sich: „Ist das wirklich wahr? Gibt es Beweise dafür?"

Oft merken wir, dass diese Gedanken aus einem verzerrten Blickwinkel heraus entstehen und nicht die Realität widerspiegeln. Durch das bewusste Hinterfragen können Sie lernen, diese negativen Gedanken nach und nach zu relativieren.

Meine angestrebten Erfolge:

....

....

....

....

....

....

....

....

....

....

....

....

....

....

7. Sich kleine Freuden gönnen

In Phasen der Dunkelheit ist es leicht, die Freude am Leben zu verlieren. Um dem entgegenzuwirken, versuchen Sie, sich bewusst kleine Freuden zu gönnen.

Belohnen Sie sich selbst – feiern Sie sich selbst!

Das Feiern von kleinen Erfolgen kann einen enormen Einfluss auf Ihr Selbstwertgefühl haben. Jeder erreichte Schritt, und sei er noch so klein, ist ein Grund zur Freude. Nehmen Sie sich vor, nach Erledigung einer Aufgabe, sei es das Aufräumen Ihres Zimmers oder das Zubereiten einer Mahlzeit, sich selbst zu belohnen. Dies kann ein kleiner Genuss, eine Auszeit oder ein Moment des Stolzes für die geleistete Arbeit sein.

Diese positiven Verstärkungen helfen nicht nur, die Motivation aufrechtzuerhalten, sondern auch, das Selbstbild zu verändern und sich selbst als kompetent und handlungsfähig zu sehen.

Wenn Sie lernen, sich selbst für die kleinen Fortschritte anerkennen, bauen Sie eine positive innere Stimme auf, die gegen die negativen Gedanken ankämpfen kann.

Selbst in dunklen Zeiten gibt es Momente des Trostes und der Schönheit. Sie müssen nicht groß oder spektakulär sein, oft reichen kleine Gesten, um das innere Licht wieder zu entfachen.

Meine angestrebten Erfolge:

....

....

....

....

....

....

....

....

....

....

....

....

....

8. Kreativität als Ventil

Hobbys und persönliche Interessen sind wichtig für ein erfülltes Leben und können als hervorragendes Ventil für Stress dienen.

Überlegen Sie, welche Aktivitäten Ihnen in der Vergangenheit Freude bereitet haben, und versuchen Sie, diese wiederzubeleben. Es kann auch bereichernd sein, neue Hobbys zu entdecken, die Ihnen Freude bereiten und gleichzeitig Ablenkung bieten.

Kreative Aktivitäten wie Malen, Schreiben, Musizieren, Fotografieren oder ganz einfach Gartenarbeit können dabei helfen, innere Gefühle zum Ausdruck zu bringen, ohne sie in Worte fassen zu müssen.

Kreativität kann ein Ventil sein, um die Dunkelheit, die Sie in sich tragen, auf eine gesunde Art zu kanalisieren. Es ist nicht wichtig, ob das Ergebnis „gut" oder „schön" ist. Es geht darum, den inneren Druck loszulassen und sich auf eine neue Weise auszudrücken.

Hobbys fördern die Kreativität, helfen dabei, soziale Kontakte zu knüpfen, und stärken das Selbstwertgefühl.

Nehmen Sie sich Zeit für diese Aktivitäten, auch wenn es zunächst schwerfallen sollte – sie können eine Therapeutin oder einen Therapeuten ersetzen, indem sie eine positive Ablenkung bieten.

Meine angestrebten Erfolge:

....

....

....

....

....

....

....

....

....

....

....

....

....

9. Selbstmitgefühl statt Selbstkritik

In dunklen Zeiten neigen wir oft dazu, besonders hart zu uns selbst zu sein. Es ist wichtig, die eigene Depression zu akzeptieren, anstatt sie zu leugnen oder bekämpfen zu wollen. Millionen von Menschen erleben ähnliche Herausforderungen, und es ist beruhigend zu wissen, dass man nicht allein ist.

Akzeptanz bedeutet jedoch nicht Resignation; vielmehr geht es darum, die schwierige Phase anzunehmen und sich nicht dafür zu verurteilen. Sehen Sie Ihre Depression als vorübergehenden Zustand, der ebbt und

198

fließt. Indem Sie verstehen, dass auch unangenehme Gefühle Teil des menschlichen Lebens sind, können Sie sich selbst Mitgefühl entgegenbringen. Erlauben Sie sich, Hilfe oder Unterstützung zu suchen, und denken Sie daran, dass es Hoffnung auf Veränderung gibt.

Mein Tipp: Versuchen Sie, sich selbst mit der gleichen Freundlichkeit und Fürsorge zu begegnen, die Sie einem geliebten Menschen entgegenbringen würden. Sagen Sie sich: „Es ist okay, nicht perfekt zu sein. Ich gebe mein Bestes, und das reicht."

Selbstmitgefühl ist ein kraftvolles Mittel, um die innere Dunkelheit zu durchbrechen und sich selbst Halt zu geben.

Meine angestrebten Erfolge:

....

....

....

....

....

....

....

....

....

....

....

....

....

10. Hilfe suchen und annehmen

Wenn die Dunkelheit übermächtig wird und Sie das Gefühl haben, alleine nicht mehr weiterzukommen, ist es wichtig, sich professionelle Hilfe zu suchen. Therapie, Beratung oder der Austausch in Selbsthilfegruppen können eine wertvolle Unterstützung sein.

Es ist keine Schwäche, Hilfe anzunehmen, im Gegenteil, es zeigt Stärke und den Willen, sich selbst Gutes zu tun.

Obwohl alle genannten Tipps nützlich sein können, ersetzen sie nicht die professionelle Unterstützung eines Therapeuten oder einer

Therapeutin, wenn alles wirklich tiefdunkel erscheint.

Wenn Sie das Gefühl haben, dass Ihre Depression Ihre Lebensqualität erheblich beeinträchtigt, ist der Besuch bei einem Psychologen oder Psychiater wichtig. Diese Fachleute können Ihnen helfen, die Ursachen Ihrer Depression zu verstehen und effektive Bewältigungsstrategien zu entwickeln.

Scheuen Sie sich nicht, um Hilfe zu bitten; dies ist ein Zeichen von Stärke und der erste Schritt zur Verbesserung. Eine Therapie bietet nicht nur ein geschütztes Umfeld für das Teilen von Emotionen, sondern auch wertvolle Werkzeuge, um mit belastenden Gedanken und Gefühlen umzugehen.

Meine angestrebten Erfolge:

....

....

....

....

....

....

....

....

....

....

....

....

....

11. Glaube und Spiritualität als Stütze

Für viele Menschen kann der Glaube eine starke und verlässliche Stütze in den dunkelsten Zeiten des Lebens sein. Diese tief verwurzelte Verbindung zu Gott kann uns das Gefühl vermitteln, dass wir nicht allein in der Dunkelheit sind, sondern dass es inmitten all der Verzweiflung eine Art göttlicher Präsenz gibt, die uns begleitet.

Die Erkenntnis, dass es eine höhere Macht gibt, die über unsere Schwierigkeiten wacht, ermöglicht es uns oft, unsere Sorgen und Ängste loszulassen, zumindest für einen Moment. Die Wege von Gott sind unergründlich und es ist für uns manchmal nicht nachvollziehbar, warum wir durch Leid und Schmerz gehen müssen. Dennoch bietet der

Glaube die Möglichkeit, diesen Schmerz nicht allein zu tragen. Wir können Gott unsere Last aufwerfen, alle unsere Sorgen, Ängste und Zweifel in Seine Hände legen, und auf diese Weise ein Gefühl der Erleichterung und Befreiung spüren.

Das Vertrauen auf Gott und die Entschlossenheit, ihm zu folgen, können uns ein Gefühl von Stärke und Zuversicht geben, die wir in Zeiten der Depression oft verloren glauben.

In einer Zeit, in der Depression und psychische Erkrankungen immer mehr an Bedeutung gewinnen, ist es zentral, die heilende Kraft von Glaube und Spiritualität zu würdigen.

Meine angestrebten Erfolge:

....

....

....

....

....

....

....

....

....

....

....

....

....

12. Sich selbst Zeit geben und Selbstfürsorge

Depressionen und dunkle Phasen sind nicht von heute auf morgen überwunden. Geben Sie sich die Zeit, die Sie brauchen, um langsam wieder zurück ins Licht zu finden. Verlangen Sie nicht zu viel von sich und seien Sie geduldig. Heilung ist ein Prozess und jeder Schritt, so klein er auch sein mag, bringt Sie näher an das Licht.

Selbstfürsorge ist ein unverzichtbarer Bestandteil der psychischen Gesundheit und des Wohlbefindens.

Nehmen Sie sich daher auch gezielt Zeit für Aktivitäten, die Ihnen Freude bereiten und Sie entspannen. Ob es sich um ein heißes Bad, das Lesen eines guten Buches oder das Ausprobieren eines neuen Hobbys handelt – jedes kleine Ritual kann zur Stabilisierung Ihrer Stimmung beitragen.

Hören Sie auf die Signale Ihres Körpers und gewinnen Sie ein Gespür dafür, was Ihnen guttut.

Selbstfürsorge bedeutet, sich selbst ernst zu nehmen, und es ist wichtig, diese Momente in Ihren Alltag einzuplanen. Indem Sie auf sich selbst achten, stärken Sie Ihre Resilienz und können besser mit Herausforderung umgehen.

Meine angestrebten Erfolge:

....

....

....

....

....

....

....

....

....

....

....

....

....

13. Gesunde Ernährung

Allzu viel ist ungesund! Ja, auch unsere Ernährung beeinflusst maßgeblich unsere Stimmung, das haben bereits unzählige wissenschaftliche Studien erwiesen.

Die Ernährung hat einen weitreichenden Einfluss auf unsere Stimmung und unser allgemeines Wohlbefinden.

Achten Sie darauf, sich ausgewogen und nährstoffreich zu ernähren, indem Sie frisches Obst, Gemüse, Vollkornprodukte und gesunde Fette in Ihren Speiseplan integrieren. Bestimmte Nahrungsmittel können dabei helfen, den Serotoninspiegel zu steigern, der für die Regulierung der Stimmung verantwortlich ist.

Vermeiden Sie stark verarbeitete Lebensmittel und Zucker, da diese zu Stimmungsschwankungen und Energietiefs führen können.

Wenn Sie auf Ihre Ernährung achten, schaffen Sie eine solide Grundlage für Ihre mentale Gesundheit. Planen Sie auch regelmäßige Mahlzeiten ein, um einen stabilen Blutzuckerspiegel aufrechtzuerhalten und Ihre Energie über den Tag hinweg zu steigern.

Meine angestrebten Erfolge:

....

....

....

....

....

....

....

....

....

....

....

....

....

....

14. Schlafritual einführen

Nach dem Essen sollst du ruhen. So könnte man den vorigen Punkt hier fortsetzen.

Ein fester Schlafrhythmus ist entscheidend für Ihre psychische Gesundheit. Mindestens sieben bis acht Stunden Schlaf pro Nacht sind für Erwachsene ideal, um die Erholung und geistige Klarheit zu fördern.

Achten Sie darauf, einen regelmäßigen Schlaf-Wach-Zyklus zu etablieren, und vielleicht auch ein bestimmtes regelmäßiges „Schlafritual" einzuführen, indem Sie zur selben Zeit zu Bett gehen, vielleicht noch beruhigende Musik hören, oder einen beruhigenden Tee trinken, etc. Gleiches gilt für das Aufstehen.

Schaffen Sie eine entspannende Atmosphäre in Ihrem Schlafzimmer, indem Sie Lärm minimieren und das Licht dimmen. Verzichten Sie auf elektronische Geräte mindestens eine Stunde vor dem Schlafengehen, um die Qualität Ihres Schlafes zu verbessern.

Wenn Sie ausgeruht sind, sind Sie besser in der Lage, mit Stress und negativen Gedanken umzugehen, was zur Linderung von depressiven Symptomen beitragen kann.

Meine angestrebten Erfolge:

....

....

....

....

....

....

....

....

....

....

....

....

....

15. Niemals liegenbleiben – sondern ins Tun kommen

Aktiv zu sein ist ein Schlüssel zur Verbesserung Ihrer Stimmung. Auch wenn es schwerfällt, nicht in der Passivität zu versinken, können kleine Aktivitäten enorm helfen.

Versuchen Sie, selbst in Phasen der Antriebslosigkeit etwas zu unternehmen – sei es nur ein kurzer Spaziergang oder das Hören von Musik. Diese kleinen Handlungen können den Kreislauf der negativen Gedanken durchbrechen und einer möglichen Lethargie entgegenwirken.

Schaffen Sie eine Liste mit Aktivitäten, die Sie ablenken und motivieren könnten.

Denken Sie daran, dass das Anfangen oft das Schwierigste ist; sobald Sie aktiv werden, werden Sie feststellen, wie sich Ihre Stimmung allmählich bessert.

Meine angestrebten Erfolge:

....

....

....

....

....

....

....

....

....

....

....

Die Integration dieser 15 Tipps in Ihren Alltag kann eine Herausforderung darstellen, aber es ist wichtig, geduldig mit sich selbst zu sein. Veränderungen geschehen nicht über Nacht; kleine Schritte führen zu nachhaltigen Fortschritten.

Achten Sie darauf, nicht zu hart mit sich ins Gericht zu gehen, wenn Sie Rückschläge erleben. Jeder Zwischenfall kann eine Lerngelegenheit bieten.

Schreiben Sie ein Tagebuch oder ein tägliches Journal, um Ihre Fortschritte festzuhalten und Emotionen auszudrücken. Das sich „frei und leicht" Schreiben kann erdrückende Depressionen lindern, indem es dabei hilft, Gedanken zu sortieren und Perspektiven zu verändern. Gleichzeitig fördert das Schreiben das eigene Bewusstsein für die täglichen Erfolge, egal wie klein sie erscheinen mögen.

Letztlich liegt der Schlüssel zur Bewältigung natürlich in der Kontinuität. Wiederholen Sie diese Praktiken und finden Sie Wege, sie kontinuierlich in Ihr Leben zu integrieren. Indem Sie sich selbst die Zeit nehmen, sich an diese neuen Routinen zu gewöhnen, stellen Sie sicher, dass Sie auf dem Weg zur Besserung sind – Schritt für Schritt, Tag für Tag.

Heilende Gedanken
sind Licht für unsere Seele

Ihre Dr. med. Hedwig Uecker Geischläger